AU-DELÀ DE LA FOI

Lino Sardos Albertini

AU-DELÀ DE LA FOI

Préfaces du père Pasquale Magni
et
du docteur Paola Giovetti

filipacchi

Note de l'éditeur :

A la requête de l'auteur, nous signalons que Monsieur Lino Sardos Albertini a demandé à ce que la totalité de ses droits soient versés à une institution religieuse et culturelle.

Titre original « DALL' ALDILÀ LA FEDE »
publié par RCS Rizzoli Libri S.p.A., Milano, Italie.

Édition française :

63, avenue des Champs-Élysées, 75008 - Paris

Merci Andrea

Préface par le père Pasquale Magni [1]

« *Intelligo ut credam.* »

« J'essaie de bien comprendre ce que la Foi me propose en tant qu'élément d'évolution personnelle. »

Anselmo d'Aosta.

De nos jours on n'hésiterait pas à attribuer le Prix Nobel à celui qui découvrirait en quoi consiste l'évolution humaine. Mais le ferait-on pour ce facteur d'évolution qu'on appelle la Foi ?

La Foi, comme le dit l'Apôtre, et, comme le répète le Poète, est substance de choses espérées : c'est le « cœur » d'une réalité qui engendre un « noyau » d'espoir. Mais qu'est-ce que l'espoir, sinon l'ossature même de l'existence ? En dehors de la perspective de l'espoir, quelle autre raison de vivre peut-on nourrir ?

Or, l'espoir des humains, quel est-il ?

Généralement il est situé ici-bas. Il nous fait penser au grand perron qui menait autrefois aux palais des rois ! L'espoir est de « faire carrière », de monter toutes les marches, une à une, jusqu'au sommet.

Mais voici un témoignage original, exceptionnel, incroyable,

1. Théologien. Épistémologiste. Président de l'Association culturelle « Acropolis » de Rome. Directeur du « Studium Christi » de Rome. Vice-président du Centre international de Comparaison et de Synthèse de Rome. Écrivain. Ancien supérieur de la Compagnie de Saint-Paul.

bouleversant. Il bouleverse en effet le sens commun en montrant un aspect caché de la réalité. Et il le présente sous un tel angle qu'il ne nous reste plus qu'à croire.

« L'Au-delà existe » est le titre d'un livre conçu à partir de questions et de réponses. Les questions sont celles d'un célèbre avocat à la cour de cassation, et au sommet de sa carrière. Les réponses sont celles de son fils, disparu au-delà de la nuit. Elles ont été transcrites au moyen d'un feutre, simplement tenu contre la paume de la main gauche d'une femme : un feutre qui fait office de pantographe[1]. Il transmet, d'une écriture tremblée mais bien lisible, une série de « messages » extraordinaires, concernant la « dimension cachée ». Une « dimension » qui est au-delà du visible et qui est définie en termes d'Amour et de Lumière.

Ce père, qui était à la recherche d'un cadavre tel le témoin capital d'un délit, reçoit ces messages, qui résonnent plus comme des appels, des avertissements et de tendres reproches, que comme une impossible consolation.

« *Tu cherches, mon papa, un signe de mort. Tu dois devenir le témoin de la Vie; de la Vie au sens fort; de la Vie qui est au-delà de la Vie.* »

Le livre « L'Au-delà existe », né du « devoir de témoigner », a eu un énorme succès. Mais attention ! Il ne s'agit pas là d'un succès d'édition, d'un succès d'auteur. S'il y a auteur, c'est celui qui incarne l' « élément d'évolution » mentionné plus haut. Dans ce cas précis cet élément nous fait penser au « levain de l'Évangile »; le levain qu'une femme a enfoui « dans trois mesures de farine, jusqu'à ce que le tout ait levé » (Matthieu XIII, 33). Elle n'a fait que le geste : l'œuvre s'est accomplie d'elle-même.

C'est ainsi qu'est né le deuxième livre, grâce à la ferveur des sentiments et au ferment des pensées donnant vie à de nouveaux actes de Foi et d'espoir dans lesquels l'Amour triomphe.

1. *Pantographe :* instrument composé de tiges articulées qui sert à reproduire mécaniquement un dessin ou une figure.

Venant de cette dimension inimaginable qu'on ne peut décrire qu'en termes d' « Amour » et de « Lumière », Andrea, le jeune étudiant disparu, tué, enfermé dans un sac et puis jeté dans un fleuve, continue à nous répéter :

« *Je ne suis pas une simple image consolatrice, je ne suis pas un signe fidéiste, je ne suis pas un fantôme transfiguré par l'amour paternel et maternel. Je ne suis pas une métaphore de la vie. Je suis " Vie " : Vie élevée et profonde, Vie pleine et immortelle, comme le dit notre Maître, que vous n'arrêtez pas de reléguer au fond du décor, au loin dans l'ombre, pour appeler sur la scène les faux maîtres et les faux prophètes. " La Vie au-delà de la Vie " est une réalité, plus vraie et plus réelle que toutes les réalités, sur lesquelles vous jouez toute votre existence !* »

S'il est vrai — et c'est encore le Maître qui le répète — qu'entre les fruits et l'arbre il y a une corrélation indissoluble (Matthieu VII, 16-20), ici nous devons vraiment reconnaître le « doigt de Dieu ».

Le premier à l'identifier est l'auteur lui-même qui, en regroupant quelques-uns des milliers de témoignages de personnes de tous âges et conditions, a vu la nécessité d'ouvrir un nouveau chapitre.

« L'Au-delà existe ». Qui l'a énoncé ? Tout croyant le dit et le répète chaque semaine dans le Credo dominical. Le non-croyant, citoyen des jours ouvrables, continue, à son tour, à répéter :

« De l'au-delà nul n'est revenu... »

Créer un centre qui recueille, outre le témoignage évangélique, ecclésial, catholique et dominical, des témoignages personnels qui ont fait l'objet d'une enquête sérieuse, « scientifique », voici le troisième acte d'un événement dramatique, aux frontières de la nuit et de la mort. Événement dont l'issue ordinaire aurait pu être celle d'un jugement, et de la condamnation à perpétuité d'une poignée de malheureux, sur l'autel innommable du désespoir. Événement qui suggère à l'homme et à la femme d'aujourd'hui qu'il est urgent de reconsidérer les valeurs de la Vie, de la Vie totale et universelle.

AU-DELÀ DE LA FOI

S'il est vrai que « tous les rêves se terminent à l'aube », il est aussi vrai que chaque aube nous ramène le soleil.

Il n'y a qu'à notre époque, celle des voyages dans l'espace, que l'homme a la possibilité, sinon de croire, du moins d'expérimenter le fait de s'élever, ne serait-ce qu'au niveau de la lune, pour éprouver ainsi, concrètement, ce que peut être l'approche de la « Lumière Infinie ».

Préface par le docteur Paola Giovetti [1]

Ce livre est l'issue logique de « L'Au-delà existe », ouvrage qui a connu un succès retentissant et tout à fait inhabituel pour ce genre de littérature. Évidemment c'est ainsi que les choses devaient se passer, exactement comme les avait annoncées Andrea, l'inspirateur et l'âme du livre lui-même et de tout ce qu'on peut y trouver.

L'événement est trop connu, pour qu'il soit nécessaire de le raconter ; du reste, le lecteur qui ne le connaîtrait pas encore, en trouvera un excellent résumé. (Voir le chapitre 1 de la première partie p. 19.) Je voudrais seulement dire de quelle manière j'ai été personnellement impliquée, sans avoir moi-même connu Andrea de son vivant, ni même eu des contacts avec son père, Monsieur Lino Sardos Albertini, et pas plus qu'avec la ville de Trieste.

C'est Andrea lui-même qui avait demandé à son père, avec insistance, de me joindre alors qu'il ne m'avait jamais rencontrée, et cela à travers l'écriture automatique d'un médium, une femme très simple de Trieste qui, ayant découvert ses dons par hasard, les avait utilisés à titre amical, uniquement pour entrer en contact avec Andrea.

1. Spécialiste en parapsychologie de renommée internationale. Auteur de nombreuses enquêtes sur le sujet. Auteur de différents ouvrages sur la parapsychologie. Rédactrice de la revue « Lumières et Ombres ». Propagatrice de la parapsychologie par le moyen de revues de large diffusion, de la radio et de la télévision. Journaliste.

Cela se passait en 1984, un an avant que « L'Au-delà existe » ne soit écrit et publié. A ce moment-là la Mission d'Andrea, dont ce deuxième livre atteste amplement le succès, était déjà tracée et n'attendait plus que ses exécutants : le père, avant tout, considéré comme le « pion » de la Lumière Infinie. Et puis d'autres, dont moi-même qui, en tant que spécialiste en parapsychologie, écrivain et journaliste, pouvais aider à divulguer le message et coopérer à l'aboutissement de la Mission d'Andrea. Mission qui consistait avant tout à convaincre le monde, et les sceptiques en particulier, que l'au-delà existe et qu'il faut avoir Foi en cela.

En effet, quand Monsieur Sardos vint me voir pour la première fois, nous ne savions pas quels moyens utiliser pour aboutir ; puis, selon la volonté d'Andrea, naquit l'idée du livre, que je contribuai à faire connaître. Le reste vint tout seul avec, c'est le cas de le dire, un effet d'avalanche.

Comme l'a très justement souligné une lectrice de « L'Au-delà existe », ce livre, où Monsieur Sardos relate les faits en toute simplicité, n'est « que le début ». Et les résultats déclenchés par le livre sont peut-être plus stupéfiants que les événements extraordinaires qui y sont rapportés : les conversions, les retours à la Foi, les bouleversements intérieurs dont les milliers de lecteurs ont témoigné à Monsieur Sardos, un homme courageux et de grande Foi qui, après avoir surmonté les premières hésitations, poursuit toujours avec confiance et disponibilité la Mission dont son fils l'avait chargé et dont il s'est investi. « L'Au-delà existe » a profondément touché les quelque dizaines de milliers de personnes qui l'ont lu, à tel point que beaucoup d'entre elles ont ressenti le besoin de témoigner publiquement des bienfaits spirituels qu'ils en ont tirés. Ce deuxième livre, « Au-delà de la Foi », nous informe de tout cela et nous prouve que la Mission pour laquelle Andrea est mort prématurément dans des circonstances si dramatiques, s'est accomplie et continue de s'accomplir. Depuis le début tout était déjà merveilleusement prévu et tissé, mais la trame n'est évidente à nos yeux de mortels que graduellement, petit à petit et au fur et à mesure que d'autres pas en avant nous permettent de progresser.

« Au-delà de la Foi » représente précisément une étape ultérieure dans le chemin tracé par Andrea, ce garçon extraordinaire dont la grandeur a très vite été perçue par les lecteurs et que beaucoup d'entre eux considèrent comme un ange protecteur à qui ils peuvent s'adresser en toute confiance.

Je souhaite donc que ce deuxième livre rencontre le même succès que le premier et que d'autres bienfaits spirituels en découlent. C'est quelque chose dont notre époque a un besoin urgent [1].

1. *NdE :* en ce qui concerne la position de l'Église sur les phénomènes paranormaux exposée par le père Giovanni Martinetti, il serait utile de se reporter à l'ouvrage « L'Au-delà existe » (Éditions Filipacchi) de la page 17 à la page 21 incluse. Le père Giovanni Martinetti est lui-même un éminent spécialiste des phénomènes paranormaux et l'auteur d'œuvres importantes en la matière.

Première partie

1

Les antécédents

Pour la compréhension du présent volume il est nécessaire de résumer les faits suivants :

Au mois de novembre 1985 j'ai publié un livre, « L'Au-delà existe », dans lequel j'ai rendu compte de ce qui m'était arrivé.

Le cadet de mes fils, Andrea, préparait sa licence de droit et, à la veille de son dernier examen, avait pris quelques jours de repos. Parti de Trieste avec sa voiture, il avait téléphoné le lendemain à sa mère pour la saluer comme il en avait l'habitude quand il se déplaçait. Par la suite, nous n'avons jamais plus obtenu aucune nouvelle de lui.

Au cours des recherches désespérées pour le retrouver, j'ai reçu, par l'intermédiaire d'un médium, les messages dont j'ai donné témoignage dans le livre que je viens de citer. Ce livre je l'ai publié, et ce, après bien des réticences et des hésitations, selon la volonté et sur indication de mon fils qui me déclarait être né et mort pour accomplir la Mission de « *faire savoir au monde entier qu'un au-delà existe, parce que c'est seulement grâce à cette conviction que l'humanité reviendrait à la Foi et vivrait en paix, en l'honneur de la Lumière Infinie.* »

Dans le présent volume sont décrits les faits qui ont eu lieu et surtout les résultats spirituels extraordinaires, imprévisibles et humainement inexplicables.

Le choix du titre, « Au-delà de la Foi », devient dès lors logique car il résume le sens de la Mission d'Andrea qui est d'apporter la paix aux hommes depuis l'au-delà. Le but de cet ouvrage est de prouver, à partir de faits documentés, que « L'Au-delà existe » a bien atteint son but et a effectivement conforté beaucoup d'hommes.

Afin de mieux faire comprendre les événements qui constituent les prémisses de ce volume, je vais reproduire un des articles parus dans la presse italienne, celui du journaliste Gualberto Niccolini, publié dans « Il Piccolo » de Trieste le 16 juin 1985, quelques mois avant la sortie en librairie de « L'Au-delà existe », le 8 novembre 1985. En voici le texte :

« Lors du quatrième anniversaire de la mort tragique d'Andrea Sardos Albertini, ses parents le rappellent, avec la même douleur, au souvenir de ceux qui l'ont apprécié et aimé. Trieste, le 11 juin 1985. » C'était le dernier avis de la dernière colonne, en bas à droite de la quatrième page de notre journal local. Beaucoup de lecteurs ne l'auront peut-être pas remarqué, d'autres y auront jeté un regard superficiel. D'aucuns pourtant auront pris le temps de réfléchir à cette terrible affirmation à laquelle ont souscrit les parents d'Andrea.

« Mort tragique », est-il écrit ; avant que cette mort ne soit légalement confirmée, avant même que la découverte du corps ou la confession d'un assassin n'ait anéanti tout espoir, humainement justifiable, bien qu'irrationnel. Ils auraient pu dire « mystérieuse disparition » ; ils ont écrit « mort tragique », avec la certitude résignée, l'angoisse sereine d'une acceptation que seul l'Amour peut donner, que seule une Foi enracinée et un témoignage vécu sont capables d'affirmer.

Dans ces quelques lignes une aventure humaine, brève et pourtant si riche. Un témoignage que tout le monde ne pourra pas accepter sans discuter, mais devant lequel nous devrions nous arrêter un instant, ne serait-ce que par respect et compréhension pour la douleur, à la limite du martyre, endurée par un homme qui ressent aujourd'hui le devoir de le divulguer. C'est l'histoire d'un jeune homme de vingt-cinq ans, disparu soudainement. Une tragédie terrible et inexplicable pour une famille qui, jusqu'à ce 9 juin 1981, avait vécu dans l'équilibre et le respect des valeurs traditionnelles, spirituelles et humaines ; une famille de cinq enfants, originaire d'Istria, harmonieuse et laborieuse, inspirée par la Foi en Dieu, et attachée aux solides valeurs ancestrales. Andrea était le plus jeune et vivait encore chez ses parents, tandis que tous ses autres frères avaient petit à petit quitté le foyer familial. Grand, beau, sérieux, sportif, il était en passe d'obtenir sa licence en droit, dans le respect d'une tradition familiale sereinement vécue.

Ce 9 juin-là, il partit, annonçant qu'il allait prendre quelques jours de vacances avant de se présenter à son dernier examen. Il ne savait pas où il s'arrêterait, à Lignano ou peut-être à Florence. Le lendemain, vers dix heures du matin, il téléphona de Turin. Il y était allé pour acheter une voiture afin de remplacer sa vieille Dyane 6.

Depuis ce coup de fil à sa mère, plus rien. On l'attendait à la maison le dimanche suivant. Silence absolu. A partir du lundi 15 juin, une angoisse déchirante étreignit ses parents, ses frères et ses amis qui entrèrent dans le cycle infernal : recherches, enquêtes, déclarations, police, carabiniers, détectives privés.

Il s'est avéré par la suite que lors de son départ Andrea avait emporté trois millions de lires qui provenaient de ses économies ; que la Dyane avait été garée à Mestre (elle fut retrouvée trois mois plus tard) ; qu'il avait passé la nuit du 9 au 10 juin à l'hôtel Astoria ; qu'il était sorti de l'hôtel à dix heures du matin : puis, l'obscurité totale.

Impossible d'accepter l'idée qu'Andrea soit mort. N'importe quelle réponse, mais pas la mort ! S'était-il enfui, fasciné par une religion mystique orientale ? Vivait-il clandestinement dans une de ces communautés ? Non, toujours non. Plus aucune trace d'Andrea. Mais un père ne peut pas se résigner, même s'il se trouve en face de l'impossible. Et le père d'Andrea, dont le physique imposant dissimule une Foi, une volonté et une ardeur extrêmes, ne s'est pas arrêté là. Il a redoublé de courage et poursuivi sa recherche opiniâtre pour tenter de reconstituer minutieusement cette histoire mystérieuse.

Lentement les premières tesselles[1] d'une affreuse mosaïque font surface. Des preuves pas tout à fait sûres, plutôt des indices très précis sur l'assassinat d'Andrea à Turin, probablement dans le milieu des trafiquants de voitures volées, où le malheureux se serait inconsciemment aventuré.

Suivent les premières dépositions à la police de Trieste et, en décembre 1981, au Parquet général de Turin. Puis de longs mois, plus d'un an sans réponse. Quand, presque par hasard, cet homme décidé à tout va revivre la même recherche sur un plan médiumnique. Le mystère terrestre est déchiré par un faisceau de lumière, insupportable et incroyable pour la plupart des gens. Pour un croyant comme lui, qui ne s'était jamais préoccupé de tels phénomènes, c'est finalement la vérité ; les pleurs se font alors plus sereins, l'angoisse se transforme en acte de Foi, vécu comme un joyeux sacrifice. La mystérieuse présence d'Andrea trouve, dans la Mission que Dieu seul pouvait lui confier, une justification spirituelle apaisante. Communiquer avec l'au-delà ? Certains y croient, d'autres ne veulent pas en entendre parler. D'autres encore font des spéculations. Toujours est-il que l'ignorance et la peur sont grandes. Il s'agit là de phénomènes qui restent à découvrir et à étudier, même si des témoignages en ce sens, venus des quatre coins du monde et qui s'accumulent de jour en jour, ont en commun les mêmes modalités d'exécution : homogénéité des messages, spiritualité vibrante qui enrichit, sans avoir pour autant la prétention de posséder la vérité, mais celui qui ne la refuse pas a priori ne se bouche ni les yeux ni les oreilles.

Par une suite de hasards (c'est tellement facile de se cacher derrière l'alibi d'un hasard qui semble parfois totalement téléguidé de l'extérieur) Lino Sardos Albertini est amené à prendre contact avec une personne extra-sensible, un médium, et par son intermédiaire, à plonger dans une aventure surprenante. Pour recevoir ces messages qui soulèvent tant de scepticisme, ce

1. *Tesselle :* au sens littéral, petit morceau de marbre, de pierre, de pâte de verre ou de céramique, tout matériau de base d'une mosaïque murale ou de pavement.

médium, Madame Anita, emploie ce système : elle tend sa main gauche légèrement au-dessus d'une feuille de papier. Elle pose contre la paume ouverte de sa main, perpendiculaire à la feuille, un feutre, et celui-ci, au lieu de tomber, comme cela serait logique, adhère à la main.

Elle formule les questions et le feutre glisse en traçant des lettres ou des dessins. Il suffit ensuite de retourner la feuille pour voir apparaître nettement la réponse. C'est ainsi qu'à partir du mois de février 1983, arrivent ces messages : le père est persuadé qu'ils proviennent de son fils.

Leur contenu se révèle d'une terrifiante intensité dramatique lorsqu'ils se rapportent à des faits terrestres, mais aussi d'une luminosité ineffable quand ils abordent la spiritualité humaine, la Vie après la Vie, un au-delà qui ne veut pas susciter des craintes, un mystère qui désire se faire connaître afin que « beaucoup de personnes puissent croire davantage en Dieu et respecter Sa Loi ».

Les réponses présumées d'Andrea, puissamment inspirées par l'Amour, se rapportent à deux plans de même intensité morale. D'un côté : comment sa mort est-elle survenue ? De l'autre : pourquoi est-il mort ? Sur terre on a tendance à s'accrocher à la première question douloureuse, dans l'au-delà on insiste davantage sur la seconde.

Au début le père est en proie au scepticisme le plus absolu, dû à une peur atavique de l'inconnu ; pour lui ces questions relèvent du domaine exclusif des Saintes Écritures.

Et voici les signes : le rappel à un certain nécrologe [1], la tache rouge sur un journal, puis les dessins, tracés par ce feutre, indiquant le lieu où se trouverait le corps torturé du jeune homme ; et aussi la netteté de quelques photos, prises avec un appareil aux rayons infrarouges, où est clairement visible, sous l'eau du Pô, la silhouette d'un corps. Finalement, le récit terrible, morcelé.

1. *Nécrologe :* dans le vocabulaire religieux, liste de morts inscrite sur le registre d'une paroisse. Par extension, liste de personnes mortes dans une catastrophe.

Plus angoissant, le long entretien sur les rives du Pô, à la recherche du corps. D'un côté la famille, le médium, les amis, de l'autre le mystérieux afflux de renseignements et les difficultés grandissantes à l'approche d'une possible découverte. Mais voilà que l'on tombe sur un sac en plastique, contenant une espèce de terreau très dense, étroitement noué à une bâche qui s'étire en spirale sur une longueur de cinq mètres et demi, comme si elle avait été enroulée autour de quelque chose. S'agit-il d'un lest qu'on aurait noué au corps d'Andrea ? Puis on extrait du fleuve un lambeau de tissu, provenant d'une jambe de pantalon, déchiré sur toute la longueur de la couture et qui correspondait à la très grande taille d'Andrea. Enfin on repère une chaussette, du même genre de celles qu'il portait, il chaussait du quarante-sept, une pointure plutôt hors du commun et la dimension était identique. Après... plus rien, malgré l'intervention répétée d'une excavatrice.

Pourquoi ? C'est la plus humaine des questions, presque hurlée vers le ciel.

« *Il est certain que vous désirez récupérer mon corps* », la réponse arrive, inexplicable, « *mais si cela s'était réalisé, au point où les choses en étaient, tout aurait éclaté en un grand " boom " publicitaire, plus favorable aux médias qu'au but que nous nous étions fixé, et cela nous ne le voulions pas, ni nous ni vous. Ce qui est important, c'est de faire savoir que l'au-delà existe.* »

La Mission d'Andrea est mise en évidence de manière inconcevable pour les hommes. On comprend alors la raison de sa disparition tragique et de sa brève existence. En 1961, déjà — Andrea était alors âgé de cinq ans — se manifesta le signe d'un destin extraordinaire. L'enfant fut atteint de rougeole, ce qui provoqua la destruction du nerf auditif de son oreille gauche. Un miracle permit à Andrea une complète guérison. L'évêque, Monseigneur Antonio Santin, écrivit un article dans « Vita Nuova », hebdomadaire catholique diocésain, reproduit ensuite dans le quotidien de Trieste « Il Piccolo ». Un ami de la famille fit le commentaire suivant :

« Puisque Dieu a voulu donner ce signe à ton fils, qui sait quels sont Ses desseins envers lui ? »

En septembre 1984, toujours bouleversé mais plus sceptique après les tentatives infructueuses de récupération du corps de son fils, et rendu perplexe par cette aventure médiumnique si traumatisante, le père d'Andrea reçoit un nouveau message :

« *Je suis contraint de disposer de toi pour ma Mission et si tu n'es pas certain qu'existe entre nous ce contact merveilleux, tout devient difficile sinon impossible. Tu fais constamment allusion aux résultats négatifs de la récupération de mon corps ; mais cela aussi est arrivé à cause de votre manque de confiance. Je le sais, pour vous les vivants, cela peut sembler excessif, inhumain, mais la Lumière veut mettre à l'épreuve ceux qui devraient être choisis dans ce but, autrement, tout serait trop facile.* »

Un autre message :

« *Papa, si je comprends bien, tu ne sais pas encore en quoi consiste ma Mission : il faut faire savoir au monde entier qu'un au-delà existe, parce que c'est seulement grâce à cette conviction que l'humanité reviendra à la Foi, et vivra en paix, en l'honneur de la Lumière Infinie. Cette tentative a déjà été faite plusieurs fois, mais toujours en vain. C'est pourquoi ceux qui sont choisis pour cette tâche, comme moi, doivent disposer du plus haut degré de confiance de la part de leurs intermédiaires. Ainsi mon offre est valable, certes, mais c'est toi qui dois croire en moi.* »

Nouvelle impulsion pour avancer, et rencontre avec Paola Giovetti, spécialiste en parapsychologie, animatrice de l'émission télévisée « Mister O ». D'autres questions de sa part donnent lieu à des messages surprenants concernant le moment de la mort :

« *Quand j'ai été tué, je ne m'en suis pas aperçu, mais je voyais la scène d'au-dessus, et je suivais tous les détails avec détachement, indifférence. Cela a duré un bon moment, jusqu'à ce que mon âme se soit engagée dans un long tunnel. L'entrée t'attire car tu vois tout au fond une Lumière grandiose qui t'appelle ; mais tu n'arrives pas toujours à dépasser la Lumière. Les plus chanceux, comme moi, y arrivent ; ils sont accueillis et accompagnés par des amis et des parents. D'autres, au contraire doivent attendre parfois longtemps et cela fait souffrir, parce qu'on sait que par-delà c'est merveilleux et on voudrait y arriver le plus vite possible.* »

Si telle est la Mission, le père ne peut pas se dispenser de diffuser le message. D'où l'idée d'un livre témoignant de toute cette histoire, et qui devrait paraître, selon les indications médiumniques, « entre Crispino et Saturnino ».

Incompréhensible ? Non. L'explication est dans le calendrier. On y découvre que le 25 octobre est la Saint-Crépin et le 29 novembre la Saint-Saturnin. Le médium pouvait-il le savoir ? C'est exclu. Quelqu'un aurait-il pu l'influencer ? Cela ne paraît pas crédible. Est-ce alors l'énième signe, une nouvelle preuve offerte par Celui en qui nous avons tant de mal à croire ? Possible.

« Il fallait que son fils disparaisse dans la nuit, pour que dans son esprit l'aube puisse se lever » écrit dans sa préface le père Pasquale Magni, un homme d'église qui ne refuse pas a priori le discours médiumnique.

Ici s'achève la tâche de journaliste : les premiers éléments de réflexion ont été exposés.

Le mystère d'une vie trop brève, d'une Lumière trop intense, demeure.

2

Observations [1]

Dernièrement je réfléchissais, avec joie et surprise, en m'émerveillant sur les nombreux cas de conversions suscités par le livre d'Andrea et il m'est venu à l'esprit un fait que je me permets de rendre public et qui est peut-être à même d'éclaircir la fonction de mon fils.

Avant sa naissance j'avais réalisé une étude sur l'obligation qu'a toute personne attachée au devoir chrétien de rapprocher les âmes de Dieu et d'agir en communion pour l'accomplissement d'une œuvre d'apostolat, au sein de son propre milieu social, que ce soit l'immeuble où l'on habite, le travail, l'activité sportive, culturelle ou les loisirs. Cette activité organisée, je l'avais appelée « action missionnaire ».

A la suite de cette étude l'archevêque de Trieste m'avait nommé président de l'Action Catholique du diocèse. Pendant les dix années qu'a duré cette charge, je me suis engagé à mettre au point ce programme.

Je dois dire en toute modestie, que j'avais vraiment réussi à obtenir une coopération efficace de la part des adhérents des différentes associations catholiques, lesquelles opèrent séparément selon le sexe, l'âge, les conditions culturelles, et les dispositions spirituelles de leurs membres. Ces associations doivent naturellement être unies dans l'Amour pour leur pro-

1. *NdE :* se reporter aux pages 211 à 213 de « l'Au-delà existe » (chez le même éditeur) pour un complément d'informations.

chain et donc dans l'action missionnaire. Je suis parvenu à susciter l'intérêt des associations catholiques dans le diocèse, au point que le cardinal Siri, à l'époque président de la Commission Épiscopale Italienne, mis au courant par notre archevêque, Monseigneur Antonio Santin, m'avait convoqué à Gênes pour que je tienne une conférence au clergé de cette ville sur la méthode que j'avais utilisée.

Je dois cependant ajouter que pendant ces dix années d'intense activité, je n'ai pas connu un seul cas de conversion.

Toujours est-il que c'est durant la période où j'étais engagé dans cette action missionnaire, qu'Andrea est né. Ma femme et moi avions déjà dépassé quarante ans, et nous n'espérions plus la naissance d'un enfant. J'ai décidé de l'appeler Andrea à la suite d'une réunion de l'Action Catholique, au cours de laquelle l'évêque avait fait un exposé sur la vie du saint.

Lorsque Andrea me dit qu'il est né pour accomplir une Mission bénéfique pour les âmes de son prochain, cette affirmation m'incline à penser que Dieu m'a donné Andrea justement à cause de mon engagement missionnaire, afin de permettre à mon fils d'obtenir ces résultats auxquels j'aspirais de toute mon âme et de me donner la possibilité d'être son « pion », son instrument pour l'accomplissement de cette Mission.

S'il en est ainsi, je remercie infiniment le Seigneur qui me l'a donné puis repris dans le cadre d'une si grande Mission.

Le fait qu'Andrea ait été atteint à cinq ans d'une infirmité dont il guérit si miraculeusement, au point de pousser l'archevêque de Trieste à publier un article sur son cas, est une preuve qui, associée à son mystérieux départ me pousse à croire que la Mission à laquelle il est destiné est en train de se réaliser de façon grandiose et inattendue.

Dans ce livre je citerai souvent les personnes qui m'ont écrit, téléphoné, ou que j'ai rencontrées. Afin d'assurer la discrétion envers ceux qui se sont confiés à moi sur des événements et des sentiments intimes, et de garantir aux lecteurs que ce qui est mentionné correspond à la stricte vérité, j'ai procédé de la manière suivante :

OBSERVATIONS

• J'ai noté dans des registres les noms de toutes les personnes qui m'ont communiqué les faits qui vont être signalés ainsi que leurs adresses. Je ne fournirai ici que leurs initiales, leur provenance et le numéro d'enregistrement.

• Dans certains cas j'indiquerai leur profession ou leur titre, dans d'autres j'omettrai le nom de la ville pour éviter toute identification.

• Quiconque voudra vérifier ce que je rapporte pourra consulter mes registres.

• Au cas où quelqu'un désirerait se mettre en communication avec une de ces personnes, je pourrai lui fournir ses coordonnées, après avoir eu, toutefois, l'autorisation de l'intéressé(e).

Dans l'éventualité d'un refus de la personne concernée, ce quelqu'un pourra toujours contrôler dans mes archives l'authenticité de ces témoignages. Je pense avoir ainsi concilié par là même ces deux exigences opposées.

Deuxième partie

Messages survenus après la publication du livre « L'Au-delà existe »

3

Renseignements complémentaires [1]

La personnalité d'Andrea

Étant donné le vif intérêt que nombre de lecteurs ont porté à la nature et au caractère d'Andrea, il me paraît opportun de fournir ces quelques informations supplémentaires destinées à souligner l'objectivité du portrait que j'ai brossé de mon fils dans « L'Au-delà existe » :

Lettre du docteur G.B. (n° 19) de Trieste.

Le 12 novembre 1985, quelques jours après la sortie de « L'Au-delà existe », j'ai reçu la missive suivante :

« J'ai été le camarade d'école (on a souvent partagé le même banc) de votre fils pendant les cinq années de secondaire au lycée Dante. Andrea reste dans mon souvenir une des personnes les plus douées de bonté, de sérieux et de maturité que j'aie connues. » Suivent des considérations personnelles et des appréciations sur le livre, puis il poursuit :

« Regret et émotion pour Andrea, quelqu'un dont la stature (pas dans le sens physique) représente un des plus beaux souvenirs sinon le plus beau en absolu de mes années de lycée.

1. *NdE :* le père d'Andrea se trouve confronté à une nouvelle situation après la parution du livre. Il l'expose des pages 213 à 217 dans « L'Au-delà existe ». (Chez le même éditeur).

Andrea était tout ce que vous avez dit, Maître, et même plus. Il était gai, convivial, plein de vie, toujours partant pour une plaisanterie ou une blague ; prêt aussi à une certaine fermeté, jamais à la vulgarité gratuite. »

Rapport graphologique de l'abbé Domenico Franco, professeur (n° 156) de Oderzo.

L'abbé Domenico Franco, spécialiste renommé en Italie, professeur en psychologie de l'écriture, graphologie, psychologie clinique et hypnotique, auteur de nombreux ouvrages en la matière, m'avait demandé des textes écrits à la main par Andrea, afin de les examiner. Dans sa lettre du 12 août 1987 il m'a fourni un rapport vaste et précis qui coïncide de manière impressionnante avec ma description du caractère d'Andrea dans « L'Au-delà existe », description rédigée d'après mes propres souvenirs de mon fils vivant et d'après les renseignements donnés par ses amis. Étant donné son ampleur et, de crainte de n'intéresser qu'une infime partie des lecteurs, je ne l'ai pas reproduit. Si pour des raisons d'étude quelqu'un souhaitait l'examiner, je serai prêt à le lui fournir.

Particularités graphiques des messages d'Andrea

Le 20 mars 1986 j'ai reçu une lettre du **professeur Elisabetta Settembrini (n° 288) de Pesaro,** spécialiste connue en graphologie. Je cite son nom car c'est essentiel pour l'évaluation de son jugement. Elle me demandait de lui faire parvenir un échantillon de l'écriture normale de Madame Anita, un autre des messages qu'elle avait recueillis en écriture automatique, et un troisième de l'écriture d'Andrea. Je lui ai fourni ces éléments le 24 mars 1986. Le 5 avril elle m'a répondu en me communiquant ce qui suit :

« Merci de m'avoir envoyé le matériel que je vous avais

demandé. Je peux déjà vous dire que l'écriture normale du médium présente des caractéristiques très différentes, du point de vue graphologique, de celles qu'elle produit en écriture automatique. L'écriture médiumnique est au contraire beaucoup plus proche de la véritable écriture d'Andrea. Malheureusement, l'échantillon graphique de votre fils, de par sa brièveté et son contenu (des notes probablement prises à la hâte) ne permet pas une confrontation exhaustive sous tous les aspects nécessaires. Ce qu'on peut y voir de la personnalité d'Andrea correspond à la description faite dans le livre : ses qualités, ses dons imprègnent profondément sa graphie. »

Il me paraît important de souligner qu'une telle vérification constitue une confirmation cruciale et significative de la provenance et de l'authenticité des messages d'Andrea.

4

D'autres messages au nom d'Andrea

Je vais ci-après donner de nouveaux renseignements concernant les messages de mon fils.

Quand, par l'intermédiaire de Madame Anita, les messages d'Andrea se sont interrompus, d'autres se sont manifestés, en son nom, à travers différentes personnes vivant un peu partout en Italie et même à l'étranger.

Comme ils sont survenus après la parution de « L'Au-delà existe », on peut penser qu'ils sont pour une part plus ou moins grande le produit de la psyché du médium et influencés par le livre même. En outre ils proviennent de gens qui me sont pour la plupart inconnus et ont été reçus dans des conditions et selon des modalités que j'ignore. Je ne suis donc pas en mesure de juger de leur valeur objective.

Dans certains cas j'ai eu la nette impression qu'ils n'étaient que le fruit de l'esprit de celui qui les percevait, et dans d'autres, j'ai eu la certitude qu'ils étaient carrément erronés.

Quelques-uns, je dois du moins le reconnaître, laissent songeurs quant à leur origine, à cause de l'objectivité même de leur contenu, mais aussi des conditions subjectives des personnes qui les ont reçus.

Plusieurs messages expriment de façon générale des sentiments d'affection pour la mère, pour moi-même, et souvent pour les frères. D'autres exhortent le rôle de « pion », qui est le mien, dans le cadre de la Mission qu'Andrea doit accomplir. Tout cela, bien sûr, peut s'expliquer par l'état d'esprit de ceux qui reçoivent ces messages et donc par l'influence de leur inconscient. De tels encouragements me sont toutefois parvenus précisément à des moments où je traversais des difficultés, où je ressentais une certaine lassitude face à l'engagement pris. J'étais confronté à l'obligation de répondre aux nombreuses personnes qui s'adressaient à moi, en tant que père d'Andrea, et qui s'ouvraient de leurs problèmes, aux soucis relatifs à l'impression du livre et à sa diffusion à l'étranger et à ceux de la rédaction du présent ouvrage.

A ce stade je me suis interrogé sur la valeur de ces messages par rapport à la nouvelle situation dont il est fait référence au début du chapitre 3 et je me suis demandé si je m'étais vraiment acquitté de mon devoir en témoignant de la Mission d'Andrea, tant il est vrai que sa Mission continue.

J'en vins à cette conclusion. Quant il s'agissait d'écrire le livre-témoignage, « L'Au-delà existe », il fallait, au moyen de détails caractéristiques, restituer la forme de dialogue qu'avait revêtue l'extraordinaire phénomène. Le but une fois atteint, il était normal et nécessaire que ce dialogue s'arrête, pour ne pas se transformer en un rapport « ordinaire ». Par conséquent, l'authenticité des messages d'Andrea doit se limiter à ceux contenus dans le livre, du moins jusqu'à sa publication et peut-être à sa présentation.

Je ne prétends pas affirmer pour autant que toutes les communications médiumniques qui sont évidemment, de par leur type, but et nature, très diverses, doivent se limiter dans le temps. Mais, chaque phénomène possède ses caractéristiques propres auxquelles il ne peut déroger, sous peine d'être désavoué, ce qui serait arrivé dans le cas qui nous intéresse, s'il s'était prolongé au-delà de ses exigences particulières. Il aurait alors dégénéré en une sorte de service de renseignements de l'au-delà.

En ce qui concerne la période qui suit, même si la Mission d'Andrea continue, les caractéristiques et les exigences d'une aide éventuelle de sa part en sont forcément très différentes. Il en va de même de mon apport personnel, si Celui qui en a le pouvoir, et pour autant que je le mérite, décide de faire appel à moi.

Comme je l'ai déjà dit, les messages attribués à Andrea dans cette nouvelle phase, et qui m'ont été transmis par un grand nombre de gens, sont nettement plus importants que ceux que je recevais précédemment. Ils manifestent clairement les bienfaits exceptionnels d'ordre religieux et spirituel que l'ouvrage a apportés aux lecteurs et leur gratitude envers mon fils.

Il est de même évident que le guide dont j'ai besoin en ma qualité de « pion » à la disposition d'Andrea, peut faire appel à ma conscience, sans message spécifique. Mais il est vrai qu'un signe particulier est susceptible de présenter une plus grande force de conviction, également pour ceux qui s'intéressent à cette histoire.

Après beaucoup d'incertitudes, j'en ai conclu qu'il était de mon devoir de rendre publique, de manière synthétique, ce phénomène — indépendamment, bien entendu, de tout jugement — car je pense qu'il constitue un signe ultérieur des résultats spirituels des messages d'Andrea.

Je me suis montré quelque peu réticent car si beaucoup m'encourageaient et m'approuvaient chaleureusement, persistait en moi la crainte de manquer à mon devoir de témoigner, en particulier devant ces gens qui m'avaient manifesté leur perplexité du fait que les messages d'Andrea avaient cessé, alors même que j'avais encore besoin de son encouragement.

Pour donner une idée de l'ampleur du phénomène, je dirai que, jusqu'à présent, trente-deux personnes m'ont écrit pour m'envoyer une copie des messages qui émanaient d'Andrea. Je me contenterai d'indiquer le nom des villes et les numéros d'enregistrement : Gênes (deux : n° 6, 1367), Trieste (trois : n° 17, 1512, 1708), Molfetta (n° 57), Milan (trois : n° 90, 1220, 1699), Vérone (n° 141), Ascoli (n° 162), Pordenone (n° 261), Turin (trois : n° 274, 1470, 1604), Aversa (n° 278), Oggiona (n° 339), Olgiate (n° 365), Giaveno (n° 384), Rome (trois : n° 511, 705, 943), Marghera (n° 844), Pescare (n° 1180), Affoltern, Suisse (n° 1307), Naples (n° 1309), Alassio (n° 1374), Alban (n° 1471), Carbonera (n° 1483), Omegna (n° 1653), Città di Castello (n° 1744), Mantoue (n° 2101).

Voici quelques messages, à titre d'exemple :

1. Mme G.V.P. (nº 6) de Gênes.

Elle avait perdu son fils dans un accident, ensuite elle avait perçu des « signes » de lui vraiment exceptionnels. Le 29 juillet 1987 elle recevait un message, signé Andrea, qui disait :

« *Salue mon père pour moi, dis-lui que je suis toujours auprès de lui et que je ne l'abandonnerai jamais.* »

2. Mme M.G. (nº 9) d'Aversa.

Elle a également perdu sa fille en bas âge. C'est une personne pieuse, catholique, et pratiquante. Elle reçoit des messages spirituels. Très réservée et désintéressée, elle n'opère que sous le contrôle de prêtres. Je vais indiquer quelques-uns des messages qui lui sont parvenus et qui m'étaient destinés :

24 décembre 1986 :

« *Mes pensées vont constamment vers mon cher papa, à son sacrifice continuel pour l'œuvre de Mission que Jésus a voulu lui confier.* »

3 juillet 1987 :

« *Je suis toujours près de toi, je pense à toi et je t'aime avec tous les miens. Avec Amour. Je vous embrasse tous.* »

Je signale que cette dame a reçu de la part de son esprit-guide, Augustin (elle pense qu'il s'agit du saint), un message ayant pour objet la Mission d'Andrea, indirectement adressé à moi dont voici le contenu :

« *Malheureusement le Malin, par sa séduction et ses pièges alléchants de fausse gloire mondaine joue des tours de toutes sortes aux humains faibles. La voie de l'argent facile attire tout le monde. Peu sont ceux qui résistent, forts et fidèles. Mais Dieu, notre Père Tout-Puissant, garde d'autres satisfactions pour le papa d'Andrea : Lino Sardos. Son œuvre est guidée par nous, et il sera toujours illuminé par nous dans la voie à parcourir.* »

3. Mme C.C. (nº 1307) d'Affoltern, Suisse.

Elle communique avec sa fille qui lui envoie également des messages pour écrire un livre, et qui fournit des preuves sur l'existence de l'au-delà. Sa fille lui a donné aussi, de la part d'Andrea, des instructions pour prendre contact avec moi, afin que je l'aide, le moment venu, dans cette tâche.

Je ne mentionnerai ici que le message, reçu juste au moment où je me posais la question d'une éventuelle diffusion du livre à l'étranger. Cette dame n'était naturellement pas au courant de mes soucis :

« *Cher papa, je suis heureux de pouvoir vous envoyer une pensée affectueuse, à toi et à maman. Cher papa, tu peux diffuser le livre en autant de langues que tu veux. C'est la volonté de Dieu, Lumière Infinie. Plus grand sera le nombre de vivants qui liront ces manifestations, et plus ils seront nombreux à croire dans l'autre Vie. Plus il y aura d'intermédiaires, et plus nombreux seront les bons esprits sur terre.* »

4. Mme C.R. (nº 274) de Turin.

Cette dame, de modestes conditions sociales et culturelles, n'a vécu ni deuil ni drame particulier qui auraient pu l'inciter à rechercher des contacts médiumniques. Elle a lu « L'Au-delà existe » grâce auquel, elle et son mari, ont reçu la Foi qu'ils n'avaient pas auparavant. Depuis, ils ont découvert une nouvelle vie spirituelle, consacrée à réaliser la volonté de Dieu. Mme C.R. après la lecture dudit livre s'est révélée capable de communiquer avec Andrea, tout comme Madame Anita.

Elle m'a fait parvenir un grand nombre de messages, dont certains très significatifs. Deux faits en particulier méritent d'être rapportés.

Pour bien me rendre compte de ses dons, je lui ai envoyé,

en même temps qu'à une autre femme qui affirmait également recevoir des messages d'Andrea, une question pour mon fils.

Le 14 avril 1986 j'ai adressé ma demande à Mme C.R. sans l'informer de mes intentions. Le 19 avril elle eut un message d'Andrea qui la prévenait que je cherchais à lui soumettre une question par son intermédiaire, (CE QUE JE N'AVAIS JAMAIS FAIT AUPARAVANT) et que la lettre ne tarderait pas. Le 22 avril la missive lui parvint.

Une autre fois elle fut prévenue, à travers un message d'Andrea, de mon intention de me rendre à Turin afin de la rencontrer.

Cela se passait exactement au moment où j'avais décidé d'aller à Turin pour avoir un entretien avec le procureur de la République car j'avais préparé un récapitulatif à lui soumettre. J'avais pensé voir, par la même occasion, Mme C.R. J'ai pu effectivement entreprendre ce voyage, et faire sa connaissance, vingt jours après qu'elle ait reçu le message.

Un message parmi d'autres :

29 juillet 1987 :

« Dieu est la Lumière qui a pris contact avec mon papa ; il est donc dans le vrai. Continue ainsi, papa. Je suis toujours près de toi. Je le sais, cette tâche qui t'a été confiée est très difficile, mais ne crains rien, tu y arriveras. Je suis fier de toi car je vois que tu poursuis avec sérénité et en t'engageant. Je t'aime très fort, ton fils Andrea. »

5. Messages divers

Les autres messages analogues bien qu'indépendants les uns des autres, mais qui me semblent révélateurs, sont : du 9 avril 1986, Mme F.C. de Ascoli Piceno (n° 162) ; du 4 juillet 1986, Mme R.C. de Turin (n° 274) ; et du 26 janvier 1987, M. W.P. de Marghera (n° 844). Andrea me prévenait de certains dangers que les événements confirmèrent plus tard.

Abstraction faite de tout jugement de valeur sur ces messages que d'aucuns pourront trouver insignifiants, je dois dire que je suis immergé dans une réalité où fréquemment se vérifient des « cas » qui se révèlent, tôt ou tard, profitables pour la Mission d'Andrea. Ils me parviennent au bon moment, m'évitant souvent des erreurs et me fournissant les éléments indispensables à mon travail.

Ils me donnent la nette et constante sensation qu'Andrea est près de moi et me guide, et j'ai la conviction qu'il inspire l'entier déroulement de sa Mission dans toutes ses phases merveilleuses et inimaginables sur le plan humain. Bien entendu le mérite n'est pas de mon fils qui se contente d'agir à travers Celui qui lui a confié cette Mission.

Qu'on veuille bien pardonner ma présomption pour ce que je viens de dire. Je considère cela comme un devoir dans le cadre de mon témoignage. Chacun peut croire ce que sa conscience lui dicte. Je souhaite à tous d'avoir des oreilles pour entendre.

Troisième partie

Les résultats spirituels de « L'Au-delà existe »

5

Une diffusion surprenante[1]

Comme je l'ai déjà signalé dans la première partie de ce livre, je pense qu'il est de mon devoir de faire connaître les résultats spirituels de mon précédent ouvrage, non seulement parce qu'on me l'a demandé à plusieurs reprises, mais aussi parce que je suis tout à fait convaincu qu'en connaissant ses bienfaits spirituels, d'autres personnes pourront bénéficier des mêmes privilèges. Cela me pousse davantage à agir en tant qu'instrument et « pion » de mon fils dans sa Mission qui consiste à fournir la preuve de l'existence de l'au-delà, afin que les hommes se rapprochent de Dieu.

Je mentionnerai tout d'abord un fait qui, à première vue, semblerait d'ordre matériel mais qui, au contraire, constitue la preuve concrète de ces résultats spirituels.

Je fais allusion à la très vaste et rapide diffusion du livre, sans la moindre initiative publicitaire de ma part ou de celle des éditeurs, tant payante que gratuite.

Ce sont les lecteurs, et eux seuls, qui ont ressenti le besoin de recommander l'ouvrage ou d'en faire cadeau à d'autres.

C'est ce que m'ont rapporté la plupart des gens qui m'ont contacté. Certains en ont achetés jusqu'à trente, quarante,

1. *NdE :* après la publication et le succès incontesté de « L'Au-delà existe » Lino Sardos Albertini a reçu de nouveaux signes de son fils Andrea tout comme grand nombre de personnes fort diverses. Il en rend compte et en analyse la valeur des pages 219 à 234 de « L'Au-delà existe » (Chez le même éditeur).

cinquante exemplaires ou plus. Comme M.L. (n° 1220) de Milan, qui s'est procuré cent exemplaires en une seule fois, ou bien A.R. (N° 244) de Trezzo sull'Adda, qui jusqu'à présent en a achetés au moins cent quatre-vingt-cinq. Ce qui me paraît également significatif et qui montre la ferveur des lecteurs, c'est que beaucoup de gens se proposent spontanément d'assumer, à titre gratuit, la lourde charge de la traduction du livre dans une langue étrangère, afin de permettre sa diffusion dans d'autres pays et de multiplier de par le monde les bienfaits spirituels dont ont bénéficié les lecteurs italiens.

D'après la documentation recueillie jusqu'à présent, il y a eu sept offres pour la traduction en allemand, six en anglais, deux en français, deux en croate, deux en portugais, une en polonais et une en tchèque. Évidemment j'ai été obligé de me résoudre à un choix.

Néanmoins le même mérite peut être attribué à ceux qui se sont proposés sans que je puisse accepter leurs services.

J'ajoute qu'à ce jour les traductions en langue croate et anglaise sont déjà terminées et que celles en langue allemande et portugaise sont en préparation. Quant à la version française de « L'Au-delà existe », vous l'avez découverte et appréciée en septembre 1991.

Pour donner une idée concrète de la nature du phénomène de diffusion du livre, je rappelle que l'éditeur Reverdito de Trente a distribué une première fois le livre le 8 novembre 1985, une deuxième au mois de novembre, quinze jours après la première édition, enfin deux autres en décembre de la même année. En 1986 il y a eu une édition en mars, une en juin, deux en septembre, une en octobre, une en novembre. La onzième date du mois d'avril 1987.

Il faut ajouter à cela que depuis le mois de juillet 1986, la société Euroclub de diffusion de livres à domicile, a édité quatre autres éditions italiennes. Pendant plusieurs semaines cet ouvrage a figuré dans la liste des best-sellers italiens. J'ai appris également, grâce à des amis, qu'il a été premier au classement de l'Ansa[1], publié par « Arena » journal de Vérone le 6 novembre 1986, et aussi dans le classement du « Corriere della Sera » de Milan du 15 octobre 1986, et dans celui de la Demoscopea[2], publié par « La Stampa » de Turin le 11 avril 1987. Parmi tous ceux qui m'ont écrit, certains ont affirmé que « L'Au-delà existe » est le plus convaincant de tous les ouvrages qui traitent du même sujet, y compris le très célèbre « La Vie après la Vie », du médecin américain Raymond A. Moody[3], qui a pourtant été pendant longtemps l'une des meilleures ventes mondiales (voir par exemple Mme M.A.B. (n° 525) de Rio de Janeiro et M. E.V. (n° 1653) de Omegna di Novara).

Un autre fait symptomatique des conséquences spirituelles du livre et qui s'est produit sans aucune initiative de ma part pas plus que de celle de l'éditeur, est la multitude des invitations que j'ai reçues pour présenter le livre un peu partout, même en Suisse, suite aux propositions des différents organisateurs qui ont lu les messages d'Andrea.

Je citerai quelques exemples : Sur Canale 5, deux fois dans l'émission télévisée « Buona Domenica » sur la Rai 1, dans « Telefonata » de Piero Cimatti, à la Radio Suisse Italienne, à Top Radio de Busto Arsizio, à Radio Trieste Express, sans oublier les centres culturels : Milan (deux), Rome (deux), l'université de Camerino, le Rotary Club de Trévise et de Palmanova, le séminaire diocésain d'Aversa, la paroisse du Très Saint Sauveur de Milan, le centre culturel de la Caisse d'Épargne de Pise, la Brigade Alpine Cadore de Belluno, l'association des médecins d'Ancône.

A l'occasion de ces conférences, les salles étaient toujours bondées, tandis que dans les émissions de radio, après la présentation du livre, l'intervention des auditeurs se révélait massive, largement supérieure aux limites de temps d'écoute accordé. Tous les témoignages ont été favorables.

1. *Ansa :* Agence Nationale de la Presse Associée.
2. *Demoscopea :* institut de sondages.
3. *Dr Raymond A. Moody :* « La Vie après la Vie » a été édité chez Robert Laffont en 1977.

Ce que j'ai rapporté jusqu'ici démontre clairement que les messages réunis dans le livre ont conquis le cœur des lecteurs et provoqué un véritable esprit missionnaire, l'Amour de son prochain, qui n'a pas pour objet de satisfaire les besoins du corps mais d'être au service de l'Amour des âmes afin de les rapprocher de Dieu. En d'autres termes, comme nous l'enseigne le Christ : l'Amour de son prochain pour l'Amour de Dieu.

C'est en effet là le vrai sens de la charité chrétienne, le seul moyen pour réconforter son prochain au cours de la vie terrestre. Une assiette de soupe en revanche, n'importe quel organisme humanitaire peut l'offrir.

On constate par ailleurs que les êtres qui subsistent dans des conditions d'extrême dénuement, sont heureux quand ils arrivent à accepter les événements et à vivre leur propre existence en accord avec la religion. Tandis que beaucoup de ceux qui pourraient mener une existence sereine et qui jouissent d'excellentes conditions économiques, sociales et personnelles, sont au contraire insatisfaits, en arrivant parfois jusqu'au suicide (pour des raisons souvent dérisoires) car ils sont incapables de se situer par rapport à une conception chrétienne.

Ceux qui connaissent un peu la vie ne peuvent que constater l'exactitude de telles affirmations. Au cours de mes cinquante ans d'activité professionnelle, j'ai eu personnellement un grand nombre d'expériences très significatives en ce sens.

Pour confirmer ces propos je rapporterai **la lettre de Madame T.F. (n° 1757) de Orbetello, du 10 mars 1987 :**

« L'été dernier j'ai lu dans le magazine " Gente " le magnifique récit où vous affirmez avoir eu un contact depuis l'au-delà avec votre cher fils Andrea. J'ai pu me procurer aussi le livre. Tout ce que j'ai lu est merveilleux, vous avez une grande chance de pouvoir communiquer avec votre enfant adoré. J'ai soixante ans, je suis catholique à 100 %. A l'âge de neuf ans j'ai assisté à un miracle : ma sœur a commencé à marcher dès qu'on lui a mis la veste de sainte Rita. J'ai une fille de dix-neuf ans, handicapée : elle ne marche pas et ne comprend pas non plus. Cependant je me sens une mère heureuse, le Seigneur m'a donné un ange et m'insuffle la force de considérer mon enfant comme si elle était tout à fait normale.

J'ajouterai encore une chose : je connais une personne âgée, de condition très modeste. Après que son mari l'ait abandonnée pour une autre femme, elle s'est occupée d'une enfant handicapée mentale à laquelle les parents avaient renoncé à s'intéresser. Elle la garde depuis dix-sept ans déjà car, m'a-t-elle confié, " elle ne sait même pas demander à boire ou à faire ses besoins, on ne pourrait pas l'assister de manière adéquate dans un hôpital ". En outre elle a accueilli une vieille dame de plus de quatre-vingt-dix ans, très affaiblie mentalement, car sa famille ne s'occupait plus d'elle. Dans de telles conditions, cette dame est rayonnante, elle m'a dit qu'elle se considérait comme une personne heureuse : car Dieu est avec elle. »

6

Le jugement de prêtres et de religieux[1]

26 février 1987 : Don Lino di Domenico, salésien, curé de l'église Santa Maria del Soccorso à Vibo Valentia (Catanzaro) (n° 1641) :

« Votre témoignage dans le livre " L'Au-delà existe " a vraiment secoué beaucoup de monde. Chez nous, il y a un grand nombre d'exemplaires qui circulent : je suis certain d'avoir été inspiré par votre fils en lisant l'article paru il y a quelque temps dans l'hebdomadaire " Gente ". Je suis personnellement convaincu de la réalité et de la bonté du témoignage donné par votre cher fils Andrea. Je remercie notre Seigneur de m'avoir permis de connaître ce que vous avez rapporté. Un drame absurde qui s'est transformé, dans les desseins de notre Père, en glorification des vertus d'Andrea et en lumière pour beaucoup de croyants et de non-croyants. Je reste un fervent admirateur de votre famille et des merveilles de la grâce. »

13 mars 1987 : père Pasquale Magni, directeur de « Cittadella del Pensiero » — Rome (n° 235) :

« La pensée d'Andrea nous a accompagnés, et je l'estime, soutenus dans le chemin vers la Lumière Infinie, vers le Grand Espoir. »

1. *NdE :* vous trouverez d'autres témoignages ecclésiastiques des pages 235 à 243 incluses de « L'Au-delà existe » (Chez le même éditeur).

Et encore (13 juin 1987) :

« Andrea vient vraiment à notre rencontre depuis son “ monde de Lumière ”. »

19 mars 1987 : Don Silvio Tomasi, curé de l'église della SS. Trinità — Vérone (nº 1728) :

« Merci infiniment pour le livre que vous avez eu la gentillesse de m'envoyer. J'en avais entendu parler, j'en avais aussi discuté avec votre frère et, finalement, je peux en prendre connaissance. Après sa lecture on ne peut qu'unir sa voix à celle de beaucoup d'autres : en tant qu'hommes nous devons, encore une fois, nous rendre compte qu'il nous reste énormément de choses à connaître ; en tant que chrétiens, nous découvrons que la grandeur de Dieu, dans ses manifestations les plus diverses, ne peut être contenue dans nos schémas de pensées.

Par cet événement, votre fils nous confirme que la Mission d'un homme ne se termine pas avec sa mort. »

11 avril 1987 : frère Benedetto M. Albergamo — Lecce (nº 2011) :

Voici l'avis qu'il a exprimé dans un article, paru dans « Voce del Sud » de Lecce, à cette date. Il y fait allusion, avec beaucoup de louanges, à une très belle critique du livre, publiée auparavant dans la même revue, en y ajoutant :

« Un des nombreux effets du livre, dont nous avons déjà rendu compte dans ces mêmes pages, a été recueilli dans “ Messaggio d'amore e di dolore ” (revue éditée à Santa Maria Capua Vetere). Dans le numéro du mois de mars, une personne déclare avoir renoué avec les pratiques religieuses après la lecture d'un livre “ qui parle d'un père communiquant avec son propre fils, mort ”. Allusion évidente à l'ouvrage de M. Sardos Albertini.

Ce nom est cité dans la même revue par M. Antonio M. Munda qui le loue, dans son article, avec le même enthousiasme que je ressens, et qui est certainement partagé par un grand nombre de lecteurs. »

Mais, plus important encore à mes yeux, le frère Benedetto

place ce cas et les messages de mon fils dans une casuistique qui en confirme le caractère surnaturel.

J'ai appris, avec beaucoup de plaisir, qu'une jeune femme, P.C. de Nuoro (n° 898), avait fait lire mon ouvrage à son évêque, Monseigneur Giovanni Melis-Fois. Ce dernier lui confirma par la suite l'impression favorable qu'il en avait reçue et qu'il n'avait pas de doutes au sujet de son contenu, car, entre autres, ce qu'Andrea dit va dans le sens de l'Église et de la religion catholique.

Il a autorisé la jeune fille à me mettre au courant de son appréciation et moi-même à la rapporter dans le présent volume.

La voix des religieuses s'ajoute à celle des prêtres. J'ai reçu une lettre d'une sœur cloîtrée qui m'a touché par sa provenance insolite mais aussi par le contenu de son observation.

27 novembre 1985 : sœur Micaela Trevisini, du monastère delle Adoratrici Perpetue del SS. Sacramento, de Bassano del Grappa (n° 51 bis) :

« J'ai lu attentivement le livre " L'Au-delà existe ". Il pourrait être écrit en caractères de sang pour le martyre d'Andrea et celui du cœur de son papa. Andrea est un exemple de vie, surtout pour les jeunes d'aujourd'hui qui connaissent un monde où malheureusement les vraies valeurs sont bouleversées. Il s'est laissé détruire, tuer comme un nouvel Abel, par cinq frères Caïn inconnus.

On pourrait lire ce livre à genoux, tellement les réponses d'Andrea sont profondes, incisives, et dignes d'être méditées.

Vous ne faites aucune allusion au tourment qui serrait votre cœur comme dans un étau lorsqu'on eut recours à la grue. Plus la douleur est profonde et plus elle est entourée de silence.

A la page 58 il y a une réponse d'Andrea ; en quelques lignes seulement, il y a un programme de vie. Merci de lui avoir posé cette question.

On note également une grande humilité ; Andrea semble vouloir disparaître, il se laisse absorber par la Lumière Infinie. A la page 35 il met en garde : " *Tout cela est difficile et pénible, je le sais. Mais pensez à ce que Dieu nous permet d'apprendre au sujet de la vie et de la mort.* " (Comme pour souligner la brièveté de son martyre et celui de ses proches et pour faire ressortir les souffrances de Jésus.) " *Tout ceci n'est rien en comparaison. Je le sais, ce n'est pas une consolation, mais les grandes et belles choses sont toujours difficiles à atteindre* ". La Mission d'Andrea est ici mise en évidence du fait que sa vie doit avoir été d'un ascétisme chrétien soutenu par une Foi inébranlable. La montée a été difficile, maintenant la destination est radieuse. A la page 54 aussi sa Mission se révèle dans toute son ampleur. Et sa manière de s'adresser à ses parents est attendrissante. Tel un Bon Samaritain il adoucit les souffrances de ses proches avec le baume de l'Amour et de la Miséricorde et apporte aux hommes d'aujourd'hui un authentique message d'amour. Si le monde entier était convaincu de l'existence de l'au-delà... cela aiderait à éliminer les laideurs de la vie, car tous voudraient élever leurs âmes jusqu'aux sommets les plus hauts. C'est pourquoi il continue. C'est aussi un moyen pour atteindre le but fixé.

Je prie tous les jours Andrea pour qu'il intercède auprès de notre Seigneur, pour les jeunes qui, ignorant parfois les pièges et les dangers, peuvent se retrouver dans des situations analogues.

Je le prie pour qu'il secoue les consciences, pour que le message soit divulgué. Nous avons tous besoin de conversion. C'est un aspect consolateur de la Communion des Saints qui nous réunit tous, vivants ou défunts, dans la Lumière de Dieu, notre destination ultime.

Bonne fête de Saint-Andrea ! Dans l'Office Divin il y a une antienne dans les laudes qui m'a touchée : " le Christ aima Andrea qui fit don de sa vie pour le Royaume des Cieux ". Et dans les Lectures, ces versets :

V) Pour l'Amour du Christ et de son Évangile il souffrit le martyre.

R) Et suivit Celui qui donne la Vie Éternelle. Pardonnez-moi d'avoir osé vous écrire si longuement. Je suis une religieuse cloîtrée au monastère delle Adoratrici Perpetue del SS. Sacramento de Bassano del Grappa. J'ai quitté ma chère ville de

Trieste et mes proches en 1962. Depuis toute petite j'ai milité dans l'Action Catholique et j'ai aimé notre très cher archevêque, Monseigneur A. Santin, dont je garde le souvenir indélébile.

Merci encore de tout cœur. Je déposerai des fleurs aux pieds de la Sainte Vierge — à côté du Saint Sacrement — en souvenir de votre fils aimé. »

Dans sa lettre du 16 mars 1986, avec ses vœux de Bonnes Pâques, elle ajoutait :

« Le livre d'Andrea aura certainement une large diffusion, non pas comme une simple curiosité, mais parce que sa Mission est destinée à secouer les âmes en profondeur et à faire un immense bien, comme le lent écoulement des eaux plus que comme la rivière en crue qui déborde et emporte tout. »

Dans sa lettre du 4 septembre 1986 :

« Je pense au travail exténuant que vous donne votre tâche délicate de " pion " pour cette Mission, mais en même temps à votre sérénité parce que notre Seigneur, dans Sa grande bonté, vous a tellement aidé et a transformé un moment de votre vie qui aurait pu être triste et angoissant, en une période de joie, oserai-je dire. En effet, à travers la consolation de la proximité de l'esprit d'Andrea, s'est ancrée en vous la Foi qu'au moment de fermer les yeux sur ce monde, nous les ouvrons pour toujours sur l'Éternité. Le jour de la mort devient ainsi le jour de la naissance. Cette conviction vous pouvez la communiquer à tous en leur inspirant le courage, la sérénité, l'espoir et la confiance.

Vous êtes quotidiennement dans ma pauvre et fervente prière. La diffusion du livre met en lumière la Mission d'Andrea qui est d'ébranler les consciences, d'augmenter la Foi, d'avoir soif de Dieu, cette soif que toute créature éprouve au plus profond de son âme et que Dieu seul peut étancher. C'est de... " *faire savoir au monde entier qu'il existe un au-delà, parce que c'est seulement grâce a cette conviction que l'Humanité reviendra à la Foi et vivra en paix, en l'honneur de la Lumière Infinie* ". »

Et pour la fête d'Andrea — 1er dimanche de l'Avent 1986 (30 novembre) :

« Je n'ai pas voulu omettre d'écrire ces quelques lignes en souvenir de la fête d'Andrea. Je le supplie toujours avec Foi pour qu'il intercède auprès de notre Seigneur et de la Sainte Vierge pour le bien de tous les jeunes du monde. Andrea est un exemple, un témoignage pour cette pauvre jeunesse qui s'est écartée du droit chemin, privée d'idéaux, fragile, entourée de tant de mal et de dangers. Qu'Andrea leur fasse comprendre que l'idéal vaut plus que la vie, que ce qui compte ce sont les vraies valeurs, l'observance de la loi morale et une conscience droite. Dans sa vie Andrea agissait au sein de sa famille et de ses amis, à présent, dans la Communion des Saints il peut atteindre toutes les créatures de la terre !

Saint Chrysostome a dit : " Celui que nous avons aimé et perdu, n'est plus là où il était avant, mais partout où nous sommes. "

Je suis près de vous en esprit et vous assure, avec notre mère supérieure et toute la communauté, de mes ferventes prières. »

19 juin 1986 : une sœur Clarissa Cappuccina du monastère de Fabriano di Ancona (n° 471) :

« Le bon Dieu m'a fait connaître le livre " L'Au-delà existe " et les messages de votre cher fils Andrea. Je ne puis vous dire à quel point l'impression que j'ai eue a été forte, ainsi que celle de ceux à qui j'ai fait lire quelques passages.

On ne peut pas douter de l'origine surnaturelle de ces messages, ce sont des dons que notre Seigneur nous fait.

Merci de vous être prêté aux desseins de Dieu. Je vais maintenant vous demander une faveur au nom de ma communauté.

Aucune nouvelle vocation ne se manifeste. Nous sommes huit, plus très jeunes, et pour l'instant, aucun espoir d'en recevoir. Je ne sais pas si ma demande pourra être entendue. Souvent nous nous interrogeons afin de savoir s'il n'y aurait pas dans notre communauté quelque chose qui s'opposerait à de nouvelles vocations et qui déplairait à notre Seigneur. Depuis des années nous prions pour cela, mais jusqu'ici, rien et nous en sommes peinées, découragées. Pourriez-vous soumettre à votre Saint fils une question en ce sens ? Si, à travers lui, le bon Dieu voulait nous répondre, écrivez-nous à : Monastero Clarisse Cappuccine 60044 Fabriano (Ancona). C'est plus que suffisant, nous sommes très connues en ville. »

Pour compléter cette information j'ajouterai qu'à la suite de cette lettre, le couvent a enfin pu accueillir une jeune sœur (lettre de P.M. (n° 1388), du 12 novembre 1986 de Fabriano).

17 septembre 1986 : sœur Emilia Origgi (n° 710), préposée au bureau administratif de la Curie diocésaine de Milan :

« Après la lecture de votre beau livre je me sens investie de la Mission de votre fils Andrea. J'en parle autour de moi pour faire connaître le message car je désire communiquer aux autres la sérénité avec laquelle je pense à l'au-delà depuis que j'ai lu ce livre.

Je prie Andrea et mes chers défunts pour qu'ils soient heureux et pour qu'ils veuillent nous aider, moi et ceux que j'aime, à mériter la jouissance de la Lumière Infinie. »

Dans sa lettre du 14 juillet 1987 :

« Je pense souvent à vous depuis que je vous ai écrit l'année dernière au sujet de la mort de votre fils et des communications singulières que vous avez pu avoir avec lui.

Ce cas est resté dans ma mémoire, car c'est quelque chose de tangible qui, humainement dirais-je, nous relie à l'au-delà.

La vie est faite de tant de douleurs et de soucis, qu'un contact si serein et palpable avec ce qui nous attend, est une aide pour moi, bien que ce ne soit pas la seule chose sur laquelle je compte, car je sais que notre Foi et la parole de Dieu sont tout ce à quoi nous pouvons nous accrocher dans la douleur.

Ce qui s'est passé entre vous et votre fils est toutefois captivant.

Pourriez-vous m'en entretenir encore un peu ? »

J'ajouterai enfin quelques précisions, pour clore avec le point de vue religieux.

J'ai su, par différentes sources, que plusieurs prêtres ont conseillé mon livre à des gens qui doutent de leur Foi ou qui traversent des moments douloureux à la suite de la mort d'un être proche.

Le cas, par exemple, de Mme A.P.R. de Milan (nº 285), à qui l'archevêque, Mgr. G.B., a conseillé le livre ; ou encore celui de cette avocate française, P.L. (nº 367) de Vérone, qui est venue à Trieste pour me voir et me dire qu'ayant éprouvé des doutes sur sa propre Foi, elle avait lu le livre sur le conseil de son directeur spirituel et d'un père salésien. Elle en avait tiré un bienfait tel qu'elle me proposa de le traduire en français.

Voici encore d'autres sources de réconfort et d'encouragement :

• Au Brésil « L'Au-delà existe » a été traduit par un prêtre, édité et diffusé par la maison d'édition Loyola, dirigée par les pères jésuites.

• Parmi les nombreuses sollicitations qui me sont parvenues pour présenter le livre, il y a celle de l'important séminaire d'Aversa et de beaucoup d'autres paroisses.

• Dans de nombreuses villes en Italie les théologiens ont parlé de mon livre avec leurs élèves, de manière toujours favorable, du moins pour les cas suivants : E.R., nº 558, de Trieste ; M.B., nº 1164, de Venise ; R.C.R., nº 1209, de Scafati (Salerne) ; R.B., nº 1588, de Bologne ; L.M., nº 1540, de Cesena ; A.S.A., nº 1976, de Trieste.

7

Faits extraordinaires

Les jugements et les événements dont j'ai parlé jusqu'à présent donnent une idée générale des effets déclenchés par le livre. J'examinerai maintenant quelques épisodes à caractère individuel et qui, me semble-t-il, sont assez extraordinaires.

***

Le 7 juin 1986 je me trouvais à Milan. Pendant que je discutais avec une dame, une autre **(le professeur L.P. (n° 437) de Noto),** qui était assise non loin de nous, bondit soudain de sa chaise et me demanda :

« Êtes-vous, par hasard, le père d'Andrea ? »

Suite à ma réponse elle se déclara heureuse de me rencontrer et voulut m'embrasser parce que je lui avais sauvé la vie.

Face à mon étonnement devant une telle affirmation, elle m'expliqua que son fils avait disparu tragiquement à la fin de l'année précédente. Son désespoir fut si grand, qu'elle décida de mettre fin à ses jours. Cela se passait au moment de la sortie de mon livre qu'elle eut la chance d'acheter et de lire. Après quoi son opinion avait totalement changé. Elle s'était rendu compte qu'elle était, tout comme moi, privilégiée, parce que Dieu a pris à ses côtés nos fils, les soustrayant aux laideurs et aux souffrances du monde. Nos deux enfants sont maintenants au Ciel d'où ils nous assistent tout en étant près de nous. Elle ajouta même qu'on ne peut pas parler de cela avec tout le monde, car c'est difficile à comprendre, mais qu'au contraire, pour nous, c'est évident, car nous savons que c'est ainsi.

Ce bel exemple illustre comment, grâce à une Foi véritable, même le problème de la mort d'un être proche, comme un jeune fils, acquiert une valeur de sérénité et de gratitude envers Dieu.

J'ajoute que ce fait admirable a été confirmé, quelques mois plus tard, quand j'ai reçu, de la même dame, une copie de l'annonce qu'elle avait faite publier à l'occasion de l'anniversaire de la mort de son fils.

Avec son accord je la reproduis intégralement car elle est exemplaire de la valeur qu'on peut donner à ce drame, d'un point de vue chrétien :

« *Corrado Paradiso vit depuis un an dans la radieuse dimension de Lumière. Les sentiments sont éternels, les liens sont indissolubles, le dialogue est constant. Rappelons-le sereinement, sans douleur, car le souvenir est présence. Corrado est heureux. Le rite commémoratif, qui sera célébré en la cathédrale de Noto à onze heures trente, sera notre message d'amour.* »

Pour confirmer le niveau spirituel atteint par cette femme, grâce à la lecture des messages d'Andrea, je citerai quelques passages de deux lettres qu'elle m'a envoyées après notre rencontre occasionnelle et qui, je l'espère, pourront être source de méditation pour d'autres personnes.

Lettre du 22 juillet 1986 :

« Je suis certaine qu'Andrea est au courant du bien qu'il m'a fait, que son message d'Amour et de Foi a donné un sens à ma vie et m'encourage vers cette recherche qui est désormais tout mon univers.

Bienvenue soit la douleur, quand elle apporte tout cela, et nous élève vers le Tout-Puissant.

Chaque jour qui passe diminue un peu plus notre chemin vers ce monde merveilleux où nos enfants nous attendent et où nous irons, purifiés par la douleur. Merci pour cette Lumière qui a éclairé ma vie avec un livre magique, à la couverture au Ciel rayonnant d'où mon fils me parle et me sourit. »

Lettre du 14 janvier 1987 :

« La mère de Corrado est heureuse, elle s'est agenouillée devant Dieu avec une Foi nouvelle, un cœur tout neuf, et la merveilleuse certitude d'avoir été purifiée, élevée par la douleur jusqu'au Tout-Puissant.

Nous savons tous que l'au-delà d'Andrea existe, qu'Andrea nous illumine, nous sauve, et nous aide. Toutes les mères et les pères dont les enfants sont là-haut, le remercient, ainsi que les gens qui ont perdu leurs proches, et l'écho de ce remerciement va se répercuter à l'infini dans le Ciel, comme un éternel chant d'amour. »

***

2 octobre 1986 : Mme R.O. de Viguzzolo di Alessandria (n° 1019)

« J'ai perdu un fils de vingt-deux ans, emporté par un virus inconnu en quinze jours. Il était le deuxième de trois enfants. Vous pouvez imaginer notre détresse. Nous nous sommes révoltés contre Dieu et avons perdu la Foi.

Le vide qu'il a laissé dans notre famille, parmi les malades qu'il soignait tendrement, et chez ses collègues et amis, était et est encore insupportable. Puis, comme un fil d'espoir, une amie m'a offert le livre " L'Au-delà existe. " Andrea m'a sauvé la vie. Je l'ai lu cinq fois. Je l'ai passé maintenant aux copains de mon fils. Je dis toujours des prières pour Andrea et j'aimerais que mon fils Paolo soit heureux au Paradis avec lui. Je vous prie de le remercier de ma part et qu'il m'aide à faire lire ce livre à mon mari, ainsi qu'à mes autres enfants, qui s'y sont refusés jusqu'à présent. Qu'il nous redonne la véritable Foi en Dieu pour que nous rejoignons un jour notre enfant adoré. »

Dans sa **lettre du 16 février 1987,** après m'avoir confirmé que mon livre lui avait sauvé la vie, elle dit avoir fait célébrer des messes pour son enfant et pour Andrea, m'informe que, pour l'anniversaire de la mort de Paolo, le 4 mai, elle voudrait publier une annonce, et demande mon avis sur son contenu, estimant son niveau culturel trop limité.

Elle s'est inspirée de l'amour de son fils pour la montagne :

« Depuis un an P.O. a atteint le plus haut sommet. Et maintenant ce n'est plus un rêve, mais une douce réalité. »

On peut en déduire, par-delà l'origine et la culture de chacun que si l'esprit chrétien est réellement accepté, il mène à des conclusions analogues qui transforment en sérénité même les faits humains les plus tragiques.

Je voudrais rapporter également ce qu'a déclenché la lecture du livre sur le fils cadet de Mme R.O., fait d'autant plus important à mes yeux, car il s'agit d'un adolescent.

Après avoir constaté que dans sa classe de vingt-six élèves, âgés de quatorze/quinze ans, trois d'entre eux seulement croyaient en l'au-delà, et qu'un seul avait accepté de lire le livre d'Andrea, il a ainsi commenté : « Maman, ces garçons ont besoin d'éprouver une douleur aussi grande que la nôtre pour comprendre. »

***

Dans sa **lettre du 26 mai 1987, Mme C. M. de Trani (nº 2017)** me fait part de la terrible douleur survenue après la disparition de son fils cadet, Giovanni, âgé de vingt-quatre ans, tué le soir du 14 janvier de la même année, pendant qu'il mettait sa voiture au garage, par deux individus qui voulaient le voler.

« Maintenant j'ai acheté votre livre. En lisant les détails, écrits par l'intermédiaire de Mme Anita, et aussi la description que vous faites de votre fils, j'ai éprouvé un sentiment de paix. Dieu prédestine certains êtres, comme votre enfant et le mien, à une vie brève, comme s'ils étaient des fleurs qu'il faut cueillir avant que cette vie, désormais si mauvaise, puisse les faner. »

Il me semble que ce dernier concept est digne, par son élévation, de paraître à côté des deux annonces précédentes, comme exemple d'un degré supérieur de jugement acquis grâce à la Foi suscitée par les messages.

*
**

Voici un autre cas extraordinaire qui démontre comment des gens ont acquis la Foi, presque par miracle, et ont transformé radicalement leur douleur en sérénité chrétienne :

12 janvier 1986, M. B.B. de Milan (n° 153)

(J'ai su par la suite qu'il était P.-D.G. dans une importante société).

Après m'avoir expliqué que son fils et sa fiancée s'étaient tués dans un accident de la route, il s'exprimait aussi au nom de sa femme :

« J'avais perdu la Foi et je pensais que tout était fini. Puis, grâce à votre livre, j'ai réussi à surmonter mon désespoir.

Vous avez pu prouver que l'au-delà existe et que, même avec des difficultés, il est possible de recevoir un message de nos chers disparus. Imaginez notre état d'âme et notre reconnaissance, à Dieu et à vous, si nous pouvions avoir la certitude que notre fils Claudio et son amie sont près d'Andrea.

Nous sommes à votre disposition pour connaître la voie qui nous permettrait d'obtenir ce miracle. »

J'ai bien voulu accepter leur demande et, par l'intermédiaire de Madame Anita, j'ai ainsi questionné Andrea :

« Mon très cher enfant, suite à un accident de la route, M. et Mme B. ont perdu leur fils Claudio, âgé de vingt-deux ans, et sa fiancée, Elisa, qui elle avait vingt et un ans. Convaincus de l'existence de l'au-delà, ils ont réussi à surmonter leur désespoir grâce à tes messages. Ils me prient de te demander si ces jeunes gens sont avec toi et aussi de leur faire parvenir quelques mots de réconfort. »

La réponse n'est pas arrivée d'Andrea mais directement de leur fils :

« *Tu ne dois pas être désespérée de la sorte, maman, tu ne me vois pas mais je suis toujours à tes côtés. Je t'en prie, ne garde aucune rancune envers Paolo dans ton cœur. Il n'est pour rien dans mon décès. Cela devait se passer ainsi car c'était écrit. Je t'aime, je suis toujours auprès de toi, rappelle-toi que la vraie vie commence après la mort. Claudio.* »

Il s'est avéré par la suite que Paolo était le copain qui conduisait la voiture et qui avait eu la vie sauve. La maman de Claudio lui en voulait beaucoup, lui attribuant la responsabilité de la mort des deux jeunes gens.

Peu de temps après, le 1er mars, je m'étais rendu à Milan pour présenter le livre dans un club culturel qui m'en avait fait la demande. A cette occasion, j'ai rencontré M. et Mme B., qui souhaitaient que je leur dédicace le livre.

Quelques jours plus tard seulement je reçus un coup de fil de M. B. qui m'annonçait :

« Maître, il est arrivé un miracle. »

Devant une telle affirmation, pensant qu'il s'agissait de quelque chose d'extrêmement important, j'ai branché le magnétophone à côté de l'appareil téléphonique. Je reproduis intégralement la conversation car elle témoigne très bien de la situation.

B. : « Je vous prie de m'excuser... Pensez au miracle qui a eu lieu. Nous nous sommes rencontrés le 1er mars. Nous nous sommes trouvés rue Venini, au cours de cette fameuse réunion. Vous nous avez gentiment dédicacé le livre. Le jour suivant, à la même heure, elle a expiré. Elle a rejoint Claudio. »

Moi : « Quoi ? Comment cela ? »

B. : « Le jour suivant elle est morte à la même heure. »

Moi : « Qui ? »

B. : « Ma femme. »

Moi : « Qui est mort ? »

B. : « Ma femme. »

Moi : « Oh, mon Dieu ! »

B. : « Elle a rejoint Claudio, j'en suis sûr. Pensez-vous, à la même heure. Vous voyez, Maître ? Elle allait si bien, elle était si heureuse à la maison, si enthousiaste. Et soudain " maman, maman ", on l'a emmenée tout de suite à l'hôpital San Carlo, et les médecins ont dit : " Écoutez, pour nous c'est très étrange, on dirait que quelqu'un a éteint la lumière. " »

Moi : « Oh, mon Dieu ! »

B. : « Car, voyez-vous, elle allait bien ; c'est-à-dire, elle avait été opérée du cœur, il y a treize ans, par Pellegrini ; mais il n'y avait aucun problème. »

Moi : « Oui. »

B. : « C'est-à-dire, vous comprenez, moi... »

Moi : « Oui. »

B. : « Vous comprenez, moi, si je ne suis pas devenu fou, c'est parce que je continue de croire à Andrea et à Claudio, et je pense qu'ils l'ont emmenée avec eux, c'est-à-dire... »

Moi : « Oui. »

B. : « Le Père Éternel, avec Andrea, avec Claudio et Elisa, lui a dit : " Va, monte là-haut avec eux. " »

Moi : « Oh, mon Dieu ! »

B. : « Comprenez-moi, Maître, je suis serein ! »

Moi : « Merci. »

B. : « J'ai seulement voulu vous avertir. »

Moi : « Oui. Je vous remercie de tout mon cœur, avec toute mon affection. Vous êtes vraiment une grande âme. »

B. : « Vous avez vu ? Si je suis aussi serein c'est justement grâce à Andrea. »

Moi : « Oui. »

B. : « Grâce à votre livre que je garde ici, au bureau. Je travaille à Milan dans une très importante agence de publicité. J'ai à côté de moi la photo de ma femme, avec les enfants. Mais si vous saviez comme ils sont bien, comme ils me sourient... Vous n'imaginez pas ! »

Moi : « Eh oui ! Eh oui ! »

B. : « Eh bien, je suis tranquille pour eux. Parce que ce soir-là nous étions tous contents, heureux. Écoutez, vous avez fait beaucoup de bien, car autrement, c'était à devenir fou, et au lieu de ça, je suis serein. Nous avons fait d'immenses funérailles, cinq cents personnes, tout le monde disait la même chose : " La mère a rejoint son enfant. " »

Moi : « Eh oui ! Que c'est émouvant ! »

B. : « Vous voyez, la mère a rejoint son enfant, et moi, je suis tranquille. »

Moi : « Eh oui ! Que c'est émouvant ! »

B. : « Je voulais juste vous en informer. »

« Moi : « Merci, merci, merci mon cher, merci infiniment. »

B. : « Voilà, elle est confiée à Andrea à présent ; j'ai su, voyez-vous, par des gens importants qui, après avoir lu le livre, ont compris qu'Andrea est à l'état-major. C'est comme ça. Vous savez, quand on entendait dire " quartier général ". »

Moi : « Eh oui ! Eh oui ! »

B. : « Il est au quartier général ; l'état-major est là, et Andrea au milieu, avec Claudio et Elisa, et ma femme également, à présent. »

Moi : « Mais voyez-vous, comme c'est magnifique ! »

B. : « Ça va bien, Maître. »

Moi : « Cher B., je vous écoute avec une admiration, une émotion énormes. »

B. : « C'est vous qui m'avez aidé. »

Moi : « Merci, merci. »

B. : « Si vous avez Andrea, dites-lui qu'il a un compagnon de plus. Moi, j'en ai trois : Elisa, Claudio et ma femme, tous les trois compagnons à l'état-major, et je suis tranquille. Je continue de rester sur le pied de guerre, car vous le savez, je suis ici depuis pas mal d'années mais je viens du Frioul ; j'appartiens donc à une race forte. Plus on me cogne et plus je m'endurcis, comme le cuir. Seulement moi, voyez-vous, je continue le combat désormais, et j'y mourrai. Mais eux, là-haut, sont en train de me préparer le terrain. »

Moi : « Bravo, bravo, bravo. »

Je dois reconnaître que pendant cette conversation j'ai ressenti une très grande gêne à répondre car instinctivement j'étais prêt à manifester ma douleur, ce qui aurait été en décalage par rapport à la sérénité de cet homme. D'autre part, je n'avais pas le courage d'exprimer des sentiments de joie ou de félicitations qui me paraissaient tout à fait hors de propos. Je me suis donc limité à prononcer des phrases très banales. Je me suis étendu sur cet épisode car j'estime qu'il constitue un miracle de la Foi merveilleuse et véritable que notre Seigneur a voulu accorder à cette âme élue et généreuse.

A l'occasion du nouvel an M. B.B. m'a envoyé cette carte où de toute évidence sa Foi demeure toujours aussi ferme, grâce à Andrea :

« Ces jours-ci sont les plus tristes pour moi. Ces dates me rappellent le début de mes tragédies. Ce n'est que maintenant que j'arrive à trouver la force de vous souhaiter une bonne année.

Grâce à vous et au cher Andrea je continue mes batailles quotidiennes sans devenir fou. Je ne vis qu'en pensant que là-haut nos proches sont ensemble dans la paix et la béatitude. »

***

Voici deux autres épisodes émanant de personnes convaincues d'avoir obtenu des « miracles » par l'intermédiaire d'Andrea.

Mme G.G.P. (n° 18) de Trieste m'avait téléphoné pour me remercier chaleureusement du livre, et pour manifester sa grande admiration envers Andrea et ses messages. Elle a un fils, du même âge que lui qui était soigné dans un centre d'hygiène mentale et qui traversait des moments très difficiles. Pour son enfant, elle invoquait sans cesse la protection d'Andrea. Elle gardait toujours le livre sur sa table de chevet et me pria de lui envoyer une photo d'Andrea. Ce que je fis.

Le 9 décembre 1985 Mme G.G.P. me communiqua le fait suivant :

Vers douze heures quarante-cinq elle se trouvait chez elle en train de prier Andrea pour son fils quand soudain elle se sentit poussée à sortir et à rendre visite à son enfant, malgré l'heure inhabituelle.

Pendant ce temps elle avait reçu un coup de fil, et la ligne s'étant interrompue, elle n'avait même pas attendu un éventuel rappel, laissant à sa fille le soin de répondre. Elle mit la photo d'Andrea dans son sac et s'éloigna de la maison, saisie d'une hâte inexplicable.

Arrivée sur une place des environs, elle aperçut avec surprise son fils qui à cette heure-là aurait dû être à l'hôpital. Elle le suivit à distance et remarqua qu'il se dirigeait vers la mer. Elle comprit qu'il avait l'intention de se suicider. (Quelque temps auparavant il avait tenté de se défenestrer du premier étage de l'hôpital.) Elle parvint à le rattraper juste sur le bord de mer, mais il voulut se dégager en arguant que si elle l'en empêchait, cela ne ferait que prolonger ses souffrances, tandis que dans le cas contraire, tout se terminerait. S'ensuivit un corps à corps, chose surprenante, puisque d'habitude le fils ne s'opposait jamais à sa mère. Heureusement un homme qui passait par là intervint et aida la dame à retenir le jeune homme et à le faire renoncer à son projet.

Mme G.G.P. affirma avoir invoqué Andrea durant ces pénibles moments et avoir serré sur son cœur le sac contenant sa photo. Elle est convaincue qu'Andrea l'a inspirée et aidée à sauver son fils.

J'ajoute que le 18 décembre 1985 j'ai fait poser à Andrea cette question :

« Mon très cher enfant, Madame P. se déclare persuadée d'avoir pu empêcher, grâce à ton aide, le suicide de son fils au bord de la mer, le 9 décembre dernier, vers treize heures. Y a-t-il du vrai dans tout cela ? »

La réponse fut claire :

« *Bien sûr que c'est vrai, papa ; et pas seulement grâce à mon aide, nous étions plusieurs avec lui.* »

Après lui avoir communiqué cette réponse, la dame déclara en effet avoir aussi invoqué d'autres saints auxquels elle est dévouée, en particulier le père Leopoldo, le père Pio ainsi que la Madone de Medjugorje, dont elle garde les images, avec celle d'Andrea, chez elle, sur un petit autel.

⁂

Le 16 mars 1986, Mme M.F.P. (n° 291) m'a téléphoné de Trieste.

Son fils M., avait subi un très grave accident de la route et était tombé dans le coma. De l'avis des médecins son cas était si grave qu'il n'y avait aucun espoir de survie.

Cette femme avait lu le livre d'Andrea quelques mois plus tôt et eut l'impulsion de l'invoquer pour qu'il sauve son fils. Elle persévéra dans ses prières.

Quelques jours après, pendant que son enfant gisait dans le même état, durant ses prières elle eut la vision de cette inscription :

« M. guérira complètement. »

Elle eut également l'impression de voir Andrea à côté du lit de son fils, la main appuyée sur la tête du garçon.

Ce dernier a effectivement surmonté sa crise et a retrouvé depuis longtemps ses conditions physiques habituelles.

Les médecins et le personnel soignant qui l'ont suivi, affirment que le cas de M. relève du miracle.

***

Un autre cas dont l'heureuse issue a été attribuée à l'intervention d'Andrea (et que j'ai déjà mentionné dans l'appendice de « L'Au-delà existe ») est celui d'un employé de Trieste qui s'était exposé à un très grand danger dans la banlieue de la ville de Turin. Sa femme en avait eu l'intuition, de chez elle, et avait invoqué le soutien d'Andrea pour sauver son mari. Andrea ayant été interrogé par la suite, confirma avoir apporté son aide [1].

***

Il y a bien d'autres épisodes, dont j'ai eu connaissance, où on attribue le miracle à l'intercession d'Andrea. Plus particulièrement on m'a écrit d'un peu partout, qu'après la lecture du livre,

1. *NdE :* voir les pages 112-113 de « L'Au-delà existe ». (Chez le même éditeur.)

et l'invocation à l'aide d'Andrea, grand nombre de conflits familiaux ont été résolus, que la paix et l'amour sont revenus là où il n'y avait que haine et lutte acharnée. Je ne crois pas nécessaire de rentrer dans les détails, car il s'agit d'événements survenus dans des villes différentes et dont je n'ai pas pu vérifier l'exactitude.

Je raconte, à titre d'exemple, le fait rapporté par **l'adjudant de police, Monsieur G.B. (n° 1948) de Trieste,** que je connais personnellement et qui m'avait aidé pendant les recherches d'Andrea. J'ai confiance en son jugement calme et maîtrisé.

Voici ce qu'il m'a dit **le 18 avril 1987 :**

Son fils était depuis longtemps demandeur d'emploi. Il y avait bien quelques perspectives mais elles ne lui convenaient pas et cela le tourmentait énormément.

Très affligé, et après une conversation décourageante avec son fils, M. G.B. s'était rendu dans un endroit isolé qui pour des raisons particulières l'incline à la méditation, là où se trouve un rocher sur lequel quelqu'un a écrit « Dieu existe ». Il s'était agenouillé en priant Andrea avec ferveur pour qu'il intercède auprès du Seigneur et aide son fils à trouver enfin un travail satisfaisant. De retour à la maison son fils, épanoui, l'avait accueilli par ses mots : « Papa, j'ai trouvé un emploi qui me convient. »

Monsieur G.B. attribue cet événement à l'intervention d'Andrea.

***

Voici enfin des cas qui sont sans doute de nature subjective, mais qui révèlent l'état d'âme de ceux qui ont lu les messages d'Andrea. Ainsi, l'exemple rapporté **le 28 juillet 1986 par Mme B.C., professeur à Salerne (n° 1221),** dont la mère, avant de mourir, déclarait voir à ses côtés mon fils Andrea, avec qui elle conversait ; ou encore celui, de **M. G.P., de Selegas, dans sa**

lettre du 11 février 1987 (nº 1643), et qui serait arrivé à Mme F.L., de Rome, et à sa fille. Celles-ci auraient été soudainement enveloppées par une grande lumière, dès qu'elles avaient commencé à lire avec ferveur le livre d'Andrea qu'elles venaient de recevoir le jour même après l'avoir tant attendu.

8

Faits significatifs

Dans ce chapitre j'aimerais signaler d'autres situations qui, bien que ne revêtant pas le caractère extraordinaire des précédentes, sont toutefois très caractéristiques et permettent d'évaluer à quel point les messages d'Andrea ont touché le cœur des lecteurs et engendré des bienfaits spirituels.

Je veux parler de tous ces gens qui m'ont écrit pour me dire qu'Andrea faisait désormais partie de leur vie, qu'ils priaient pour lui tous les jours, invoquant aide et protection pour eux et pour leurs proches. Certains me demandent sa photo ou ont utilisé celles du livre ou des magazines pour les accrocher chez eux. D'autres encore déclarent sentir constamment la présence d'Andrea, et en éprouvent du mieux-être dans leur vie familiale. On fait célébrer des messes pour Andrea, on dépose des fleurs à Turin, à l'endroit où reposent ses restes, quelqu'un en a même envoyées à mon domicile, comme cette jeune fille de Nuoro (P.C. n° 889), à l'occasion de l'anniversaire de la mort de mon fils.

Nombreux sont ceux qui, de toutes les régions d'Italie ou de Suisse, souhaitent venir à Trieste pour parler d'Andrea et obtenir quelque réconfort. Une personne s'est déplacée de Florence pour visiter les lieux où mon fils avait vécu.

Je reçois aussi des lettres de gens qui considèrent Andrea comme un saint.

Il y a aussi les témoignages de ceux qui, dans des moments de désespoir ont renoncé au suicide après la lecture des messages d'Andrea. Par exemple : F.G. (n° 1968) de Voghera; G.G. (n° 8) de Trieste ; L.P. (n° 437) de Noto. Inutile de donner ici la liste de tous les gens qui m'ont fait ce genre de confessions. Je choisirai quelques extraits parmi les plus significatifs.

⁂

Lettre du 24 novembre 1985 : M. R.B. de Trieste (n° 26) :

« Je suis catholique, pratiquant et " progressiste ". Du temps où vous étiez directeur de " Vita Nuova ", j'éprouvais beaucoup de haine envers vous, je vous considérais comme un nationaliste rétrograde, probablement partisan de Mgr Lefebvre. Je vous détestais au point de me réjouir profondément de la douleur que vous aviez éprouvée à la mort d'Andrea. Je lus ensuite " L'Au-delà existe " et les paroles d'Andrea m'allèrent droit au cœur, m'obligeant à réfléchir. En revenant sur ma rancune contre vous j'en ai déduit que je faisais fausse route, que c'était le fruit de la tentation du Démon, toujours prêt à semer la discorde parmi les croyants. Je ne renie pas mes idées, mais je ne déteste plus ses adversaires. J'ai compris que la charité chrétienne passe avant tout. »

J'ai répondu à ce monsieur, il est venu me voir et nous sommes devenus de bons amis. Je considère que ce fait est remarquable, si l'on pense que cet homme, en tant que catholique pratiquant a sûrement dû fréquenter, pendant sa vie, beaucoup de prêtres qui lui ont enseigné les principes fondamentaux du christianisme. Il a assisté à la messe au moins une fois par semaine et écouté les prêches, il a souvent approché le Sacrement de Pénitence et donc suivi les sermons de ses confesseurs. Et malgré cela, jusqu'à la lecture du livre d'Andrea, l'essentiel lui manquait dans sa formation chrétienne, pour preuve ses sentiments de haine. L'ouvrage a donc atteint ce que, jusqu'alors, beaucoup de bons prêtres n'avaient pas réussi à toucher.

⁂

Cet épisode m'en rappelle un autre, analogue.

Le 9 février 1987 Mme A.T.B. (n° 234) m'a téléphoné de Viterbo.

Outre les remerciements chaleureux pour le livre qu'elle avait lu dans des moments de très grande douleur, elle a ajouté :

« Savez-vous que votre ouvrage m'a été donné par ma plus grande ennemie ? Quelqu'un qui m'a toujours fait beaucoup de mal. Après avoir terminé " L'Au-delà existe ", elle s'est repentie et a voulu me l'offrir comme signe de réconciliation, pour que cela me fasse du bien. Ce qui s'est produit, effectivement. Je lui en suis reconnaissante ! »

⁂

Je vais rappeler le cas d'une personne, **le docteur G.G. (n° 8) de Trieste,** qui était sur le point de se suicider, ayant déjà chargé son revolver, et qui avait heureusement renoncé après avoir lu, le 16 juin 1985 sur le quotidien régional « Il Piccolo », l'article de M. Niccolini qui relatait les messages et la Mission d'Andrea.

⁂

Pour donner un aperçu de l'étendue et de l'efficacité des messages d'Andrea dans les domaines les plus divers, voici encore quelques exemples.

Le 15 janvier 1986, un scientifique de renommée internationale, professeur à l'Université, M. C.D. (n° 193) de Trieste, m'a envoyé un sonnet composé par lui dans lequel il rappelle que Papini — qu'il appelle « le converti » à cause de sa fameuse conversion de l'athéisme au christianisme — avait exprimé, en conclusion de son ouvrage « Histoire du Christ », une invocation passionnée afin que Dieu accorde aux hommes de « cette génération un signe péremptoire et irrécusable » qui les conduise à la Foi. Monsieur C.D. voit dans la Mission d'Andrea la réalisation de ce vœu. En voici le texte :

« Au Ciel il demandait un signe, le converti
Non pour lui-même, mais pour les humains :
Pour les rebelles au Christ, les non-croyants
Il invoquait pour eux suppliant et repenti
Un peu de Lumière ; de nouveaux événements
Afin que le monde ne fût balayé,
Dispersé dans les abysses et ne finît
Dans le souffle cru des vents glacés.
Plus s'écoulaient les années, plus une maligne
Aura damnée empoisonnait le monde :
Toute morale offensée, piétinée.
A la fin pourtant une Mission jamais rêvée,
Don de la Grande Lumière, en ses profondeurs
A rendu l'âme exemplaire et reconnaissante. »

***

Ce fait que je viens de mentionner n'est pas isolé. J'ai reçu un autre poème, que je ne vais pas publier car il est bien trop long, composé par **M. R.W. (n° 1373) de Berlin (Allemagne), le 15 décembre 1986.** Cet homme avait été terriblement affecté par la récente disparition de ses deux fils, âgés d'une vingtaine d'années, morts à un bref intervalle l'un de l'autre. Ses vers, très personnels, exaltent l'image et la Mission d'Andrea, qu'il nomme « l'Ange Divin ».

***

Le 16 décembre 1985 je reçus la visite de Mme L.S. (n° 105) de Trieste. Musicienne et compositeur, elle avait manifesté son intention de créer un hymne sacré sur le texte du message qu'Andrea nous avait fait parvenir le 23 novembre 1985, à l'occasion de la présentation du livre. Il disait :

« *Souris avec celui qui sourit. Pleure avec celui qui souffre. Aime sans être aimé car la Lumière Infinie est Amour. Celui qui reste dans l'Amour reste dans la Lumière Infinie de même que la Lumière Infinie reste en lui.* »

Le 19 avril 1986 cette femme m'apporta une cassette enregistrée de sa musique qui m'a semblé très belle.

***

Mme W.L.C. (n° 830), de Rome, est peintre.

Spirituellement touchée par Andrea, elle a fait de lui un magnifique portrait, et me l'a envoyé en cadeau le 12 septembre 1986.

***

Mme M.A. (n° 1600) de Mossa di Gorizia était personnellement venue me remercier pour les bienfaits que mon livre lui avait insufflés. A cette occasion elle m'a laissé une copie de la dissertation que sa fille, âgée de dix-sept ans, avait rédigée le 7 novembre 1986, dissertation très belle et très sincère. Elle avait pour thème le livre d'Andrea, qui reste son préféré, et se termine ainsi :

« Ce livre a pour moi une très haute signification, il donne de l'espoir à ceux qui ne croient pas à une vie après la mort et qui craignent le trépas. Je l'ai aimé énormément, et je n'avais jamais rien lu de semblable auparavant : au contraire, avant, quand je lisais des articles de parapsychologie, cela m'effrayait un peu. »

***

Un illustre médecin, **le professeur G.C. (n° 1243) de Adrano (Catane),** m'a envoyé une copie de son exposé, lu à son cercle pendant le colloque qui a eu lieu le 17 novembre 1986. Il a traité du cas de mon fils, et voici sa conclusion :

« Le témoignage de l'avocat de Trieste, qui a pu entrer en

contact avec l'au-delà, grâce à l'âme de son fils, est magnifique et nous inspire un sentiment de paix.

Bien que croyant, j'avoue m'être parfois débattu avec mes doutes quant à l'existence d'une vie après la mort. Mais le récit que ce jeune homme a fait à son père m'a tranquillisé. La description d'un énorme tunnel qui débouche sur une Grande Lumière et la rencontre avec des êtres chers, me fait voir le moment du trépas comme un rendez-vous plein d'espoir et de joie. »

⁂

Un officier de police, M. V.F. (n° 2050) de Cagliari, directeur de la revue « Polis », dans un article scientifique, publié dans le numéro 6 du mois de juin 1987, a longuement parlé de mon livre, le plaçant parmi les « preuves historiques positives de l'existence de l'au-delà ».

« Récemment, parmi les nombreux ouvrages publiés sur le sujet, un livre a plus particulièrement retenu notre attention par son authenticité car il donne des preuves de la réalisation prophétique, à savoir l'atténuation progressive de la barrière entre monde spirituel et monde matériel spiritualisé (entre l'autre monde et le nôtre).

Cet ouvrage, " L'Au-delà existe ", constitue une sorte de preuve " testimoniale et documentaire " de l'existence de l'au-delà, fournie par son auteur, Maître Lino Sardos Albertini. »

Dans sa lettre d'accompagnement du 24 juin 1987, Monsieur V.F. illustre sa pensée :

« Votre livre entérine les convictions basées sur une nouvelle dimension scientifique de la religion. La revue " Polis ", que je dirige, publie un article " Social et Suprasocial " qui constitue un exemple. Il se réfère de façon précise et détaillée au contenu de votre ouvrage que j'ai bien sûr lu.

Nous nous acheminons vers une époque où tout le monde devra croire, non plus par le truchement de la Foi mais par celui de la science, pour être plus clair, où la Foi sera prouvée scientifiquement. »

***

Pour passer à un domaine plus modeste, j'ai trouvé très aimable et significative **la lettre du 29 octobre 1986, de M. L.M. (n° 1339) de Castel Tesino (Trente),** un simple fossoyeur, qui propose ses services, dans la mesure de ses possibilités et de ses capacités, pour aller à la recherche du corps d'Andrea. Il ajoute que, de toute façon il priera mon fils pour qu'il le suive de là-haut.

***

Enfin le domaine astrologique, où des réactions se sont également manifestées, avec notamment **Mme M.R. (n° 1868) de Bâle (Suisse),** spécialiste en astrologie scientifique.

Sa lettre date du 17 janvier 1987 :

« Étant donné qu'Andrea indique l'heure de sa mort, j'ai pensé que vous ne verriez pas d'objection à ce que j'entreprenne une étude sur la position des planètes au moment de sa naissance. A ma grande satisfaction j'ai pu en déduire qu'Andrea devait avoir effectivement — même du point de vue des astres — des dons extraordinaires. » Confirmant ce jugement sur le plan spirituel, elle ajoute :

« Je me permets de vous écrire car la lecture de “ L'Au-delà existe ” m'a secouée moralement et enrichie spirituellement. Le but de ces quelques lignes est de vous exprimer ma gratitude pour avoir publié ce précieux témoignage.

Il y a quelques mois j'avais acheté le magazine “ Gente ” pour rafraîchir mes notions d'italien. Je ne crois pas que ce soit un pur hasard si je suis tombée sur l'article qui fait allusion à vos contacts avec l'au-delà.

Je suis par nature sceptique, pragmatique, pas du tout portée sur la mystique. Les réunions de spiritisme ne m'ont jamais convaincue. Mais il émane de votre livre une Foi bouleversante qui fait naître en moi une certitude que je n'avais jamais éprouvée auparavant. J'ai même osé demander à votre fils d'intercéder en ma faveur afin de m'aider à surmonter mes hésitations et mes doutes obsédants. A ma grande satisfaction je me sens déjà plus forte et plus assurée dans le domaine spirituel, comme si j'étais intérieurement guidée. Si vous souhaitez publier le livre en allemand, je me propose volontiers de le traduire gratuitement. »

Quatrième partie

Le jugement des lecteurs

9

Précisions

L'aspect le plus impressionnant et inattendu des effets spirituels obtenus grâce aux messages d'Andrea est l'énorme quantité de témoignages, par lettre et par téléphone, arrivés de tous les coins d'Italie, et même de l'étranger.

Étant donné leur nombre mais aussi leurs points communs, il m'est impossible de les reproduire tous. Ils émanent de gens appartenant à des catégories sociales et culturelles très différentes, des plus humbles aux plus élevées, tous âges confondus. Parmi eux, beaucoup de jeunes et de très jeunes, mais aussi des personnes âgées, jusqu'aux nonagénaires.

Je m'arrêterai un peu sur ces témoignages, en fonction de la variété des jugements et des commentaires, due non seulement à l'âge et au niveau culturel de mes correspondants, mais aussi à leur formation psychique, à leur tempérament, à leurs convictions religieuses et philosophiques. Mais tous, en définitive, s'accordent sur la valeur des messages d'Andrea.

Pour ne pas trop alourdir cette partie du livre je reproduirai dans l'appendice (voir p. 169) des extraits de témoignages parmi les plus significatifs, afin que le lecteur puisse se faire une idée plus concrète de l'ampleur, de la nature et de la portée du phénomène. J'ajoute que ces témoignages comportent un aspect qui me tient à cœur mais qui me met aussi quelque peu dans l'embarras.

En effet les personnes qui m'écrivent expriment souvent des éloges à mon égard en me remerciant chaleureusement du contenu du livre, d'avoir décidé de le publier et de la méthode que j'ai appliquée. J'aurais voulu supprimer tout ce qui me concerne, mais cela s'est révélé pratiquement impossible. De plus, il me semble, en définitive, que de telles appréciations ne me sont adressées qu'en apparence, en réalité le vrai destinataire est Andrea, et lui seul. C'est lui qui m'a incité à écrire malgré mes hésitations et mes incertitudes, comme il a établi l'ordre logique des faits et leur évolution. Il a apporté des réponses qui constituent le noyau essentiel de l'ouvrage, m'incitant à demander des explications ultérieures et des précisions qui ont contribué à compléter le tableau.

10

Les témoignages des jeunes

C'est par eux que j'ai souhaité commencer car je suis particulièrement heureux de constater l'influence positive que les messages de mon fils ont eu sur la jeunesse qui traverse de nos jours une profonde crise des valeurs spirituelles. J'éprouve personnellement beaucoup d'affection pour les jeunes. Je me rappelle ce que sœur Micaela Trevisini (n° 51 bis) de Bassano (voir p. 55) m'a écrit, à plusieurs reprises, à leur sujet, et combien, avec ses autres sœurs, elle prie quotidiennement Andrea pour qu'il intercède auprès de notre Seigneur en tant que patron des jeunes d'aujourd'hui.

***

D'Andrea, la Foi

M.R. (n° 897) de Mezzocorona (Trente), jeune homme de dix-huit ans, le 20 septembre 1986 :

« Je vous remercie pour votre livre “ L'Au-delà existe ”. Après l'avoir lu, je peux le dire très sincèrement, je me suis converti.

Depuis tout petit, j'ai reçu de ma famille une bonne éducation religieuse, mais les questions que je me posais étaient si nombreuses qu'il y avait trop de confusion dans ma tête.

Ainsi je ressentais comme une obligation le fait de fréquenter l'Église. J'ai donc arrêté d'y aller en pensant que tout cela n'était que le fruit de l'imagination humaine.

Pendant le mois de septembre, j'ai passé quelques jours chez ma grand-mère à Pieve di Soligo (Trévise), où j'ai pu lire l'article vous concernant dans le magazine " Gente " qui m'a beaucoup intrigué. J'ai acheté le livre et je l'ai lu en deux jours et je vous assure qu'ils restent pour moi les plus importants de ma vie. J'ai compris des choses qu'un grand nombre de personnes ne veulent pas admettre.

Je souhaite que tous pourront un jour apprendre l'importance de la Mission d'Andrea par l'intermédiaire de son père, pour le salut de leur âme et de la mienne. Grâce à vous deux je m'engage désormais à observer la volonté de Dieu. Je vous prie de continuer l'œuvre si essentielle que vous avez commencée. »

M.F. (n° 1284) de Florence, dix-huit ans, étudiant, le 19 octobre 1986 :

« J'ai reçu une éducation catholique.

J'ai accepté cette éducation et ses valeurs, avec sérénité, sans problème, jusqu'à il y a deux ans. A ce moment-là j'ai commencé à m'écarter du droit chemin. Et ainsi, de but en blanc, sans donner d'explications plausibles, j'ai dit à mes parents que je ne voulais plus entendre parler de religion, de Jésus-Christ, et de toutes ces " histoires " sur l'aide à apporter à son prochain. Je vous laisse imaginer les réactions de mes parents.

J'ai toujours répondu que j'avais beaucoup réfléchi à ce que j'étais en train de faire, et que je n'étais pas convaincu de l'existence de Dieu. Pour moi il pouvait très bien être le fruit d'une invention, et les vies des saints, des légendes. Dieu pouvait exister, mais tout aussi bien ne pas exister. Mon attitude était le plus souvent critique à l'égard du culte, des prêtres, etc.

Il en a été ainsi plus ou moins jusqu'à aujourd'hui, avec des hauts et des bas, au point que mes parents semblaient s'y être habitués.

Désormais je suis entré en " contact " avec votre livre et l'expérience d'Andrea.

Je l'ai lu parce que j'ai toujours cherché ce qu'on appelle un " signe ".

Les discours compliqués, volontairement embrouillés, m'ont éloigné de ce dont j'avais besoin en réalité, la simplicité.

J'étais donc à la quête du signe. Eh bien, ce livre, pour le moins déroutant, m'a beaucoup fait réfléchir. Je ne sais pas encore quel jugement porter dessus, mais il est certain qu'un père ne peut pas inventer de pareilles choses sur son propre fils, mort. Tout cela doit forcément être vrai. Si j'avais analysé cet ouvrage avec mon cynisme habituel, mon esprit logique, positiviste, je me serais esclaffé, j'aurais trouvé ridicules des phrases du genre : " *... La Lumière Infinie veut dans son Amour Infini que toutes ses brebis paissent dans le grand pré parsemé de paroles divines qu'est la Bible.* " J'aurais peut-être dit : " Ce sont des phrases passe-partout qui ne veulent rien dire. "

NON, AU CONTRAIRE !!!

Difficile de faire tomber ses défenses, d'éliminer l'orgueil ; c'est pourtant le seul moyen d'affronter cela. En effet :

" Si vous ne redevenez pas des enfants,
jamais vous n'entrerez
dans le Royaume des Cieux. "

Bref, toute cette histoire a été pour moi une source de réflexion, j'en suis troublé et peut-être même heureux mais je ne sais plus quoi penser et je ne suis pas encore en mesure de prendre position. Je doute à nouveau mais cette fois c'est un doute différent, presque à l'opposé de l'autre.

Pour moi cela pourrait être un maillon de la chaîne dont parlait Andrea, et je voudrais réussir à anéantir toutes mes incertitudes, toutes mes hésitations. »

P.M. (nº 120 de Casalpusterlengo, vingt-trois ans, le 23 décembre 1985 :

« J'ai eu la chance de lire, entre hier et aujourd'hui, l'ouvrage que vous avez dédié à l'importante Mission de votre fils Andrea. Je dis bien la chance, car depuis quelques mois je n'avais plus confiance en Dieu. J'ai toujours su qu'il existait, mais jusqu'à il y a deux jours je ne croyais plus en sa bonté. Cela à cause de ce qui se passe, ici et à l'étranger, mais surtout parce que le père de mon amie, âgé de quarante ans, est en train de mourir d'une tumeur...

Je puis vous assurer que j'ai recommencé à me signer et à prier Dieu après avoir lu votre livre car si je pense à la position privilégiée d'Andrea, je peux espérer le même sort pour cet homme que j'aime. Et même s'il n'avait pas le privilège d'appartenir au " cercle des élus ", comme votre fils, j'ai la certitude, MAINTENANT, que quelqu'un le prendra par la main pour le conduire vers la Lumière Infinie et je souhaite que ce soit votre fils, ou quelqu'un comme lui.

J'ai déjà offert ce livre à mon amie, dans le but de la rasséréner à l'approche de la mort de son père, même si j'attends toujours un miracle de Dieu. Andrea dit : " *Les miracles sont donnés à ceux qui croient fermement.* " Je ne fais pas partie de ceux-là mais j'espère jusqu'au dernier moment. J'aimerais contribuer de mon côté à faire connaître la Mission d'Andrea, mais je voudrais d'abord vous demander votre accord, pour ne pas me tromper. Remerciez Andrea pour tout le bien qu'il m'a fait et qu'il fera à d'autres. Monsieur, si vous vous étiez donné le but d'aider au moins une personne, voilà qui est fait. Je n'ai certainement pas été le seul à retrouver la Foi, grâce à cet ouvrage.

Salut Andrea et merci de tout cœur. »

M.M. (nº 1898) de Collegno (Turin), jeune homme de vingt-trois ans, le 17 janvier 1987 :

« J'ai vingt-trois ans et je suis au chômage. Dans l'attente de trouver un emploi je consacre une grande partie de mon temps à la lecture. Il y a quelques jours j'ai acheté, par hasard, votre livre. Il m'a été conseillé par le libraire à qui j'avais demandé des ouvrages de parapsychologie. Je n'ai jamais été attiré par ces questions mais récemment le cas de Foligno m'a beaucoup intrigué et j'ai donc décidé d'approfondir le sujet. Je ne me rappelle pas avoir entendu parler de votre cher fils Andrea auparavant, mais en lisant ce livre j'ai été ému, troublé. J'avais toujours brandi mon athéisme comme un drapeau ; à présent, je ne prétends pas être devenu croyant, mais je suis convaincu qu'un au-delà existe.

P.S. : J'aurais beaucoup de choses à dire et à demander, mais je suis encore trop bouleversé. »

F.P. (n° 615) d'Asti, jeune fille de quatorze ans, le 22 août 1986 :

« J'ai appris dans le journal que vous pouvez communiquer avec votre fils. Je pense que c'est véridique et vous remercie d'avoir publié son histoire.

Grâce à vous je commence à croire. Depuis que mes parents se sont séparés je n'ai plus eu confiance en Dieu.

Les rapports avec ma mère sont tellement fragiles qu'on se dispute pour un rien. Cela me fait beaucoup souffrir. Mais grâce à vous j'ai fait un examen de conscience et j'ai compris que je me trompais. »

***

Andrea a consolidé la Foi

A.I. (n° 1412) de Formia (Latina), jeune fille de vingt ans, le 10 décembre 1986 :

« J'ai reçu votre lettre avec la photo d'Andrea et j'en suis très heureuse ! C'est un honneur pour moi que de communiquer avec le papa d'Andrea, l'ange choisi par le Seigneur pour une importante Mission.

Quelque chose de plus fort que moi (sûrement la DIVINE PROVIDENCE) m'a poussé à lire ce précieux livre qui m'a empêchée de dormir ! Que dire, cher Monsieur Lino ? Il n'y a pas de mots pour exprimer l'émotion que j'ai éprouvée.

Je crois que c'est la première fois dans l'histoire qu'une âme de l'au-delà a entrepris ce dialogue particulier avec notre monde pour témoigner et convaincre que la Vie éternelle existe vraiment. C'est une expérience unique. Les messages d'Andrea m'ont beaucoup fait réfléchir et rendue plus sereine. Ils ont consolidé ma Foi, souvent négligée ou abandonnée dans des situations douloureuses. Je relirai certainement votre livre dans les moments difficiles et cela m'aidera de plus en plus.

Merci, Andrea. Et merci à vous, Monsieur Lino, pour les conseils que vous me donnez comme un père. Votre intérêt et votre disponibilité à me soutenir ont effacé mes doutes. Merci !

Je ferai cadeau d'un exemplaire de " L'Au-delà existe " à un centre familial chrétien de Formia afin que tous ceux qui nécessitent une aide morale puissent le lire. Grâce à Andrea et à ses messages, je suis sûre que, comme moi, ils retrouveront leur Foi. J'essaierai de toutes mes forces de sourire à nouveau et de vivre plus sereinement. C'est promis ! »

M.D. (nº 666) de Trieste, jeune fille de quinze ans, le 1er octobre 1986 :

« Dans un premier temps je voulais vous téléphoner, mais ma timidité m'en a empêchée. J'ai préféré donc vous écrire, mais ne pensez surtout pas que mes remerciements soient moins chaleureux. J'ai " dévoré " votre livre, il est extraordinaire. Depuis je me sens plus heureuse et confiante. Je sais que ma vie ne s'arrêtera pas sur cette terre, mais continuera, pour toujours, dans l'au-delà, et qu'il en ira de même pour mes proches. J'ai appris qu'il est inutile de désespérer pour nos chers disparus, mais qu'il faut prier pour qu'ils puissent atteindre la paix et le bonheur complets. Ma Foi en Dieu et en sa Miséricorde est maintenant plus forte et plus consciente. Merci ! »

R.A. (nº 1159) de Maglie (Lecce), jeune fille de vingt ans, le 4 octobre 1986 :

« Même si vous ne me connaissez pas, j'ose m'adresser à vous avec une certaine familiarité. Votre personne et tout ce qui vous concerne m'ont touchée à jamais. Comme la plupart des jeunes de mon âge j'aime la vie malgré ses hauts et ses bas.

J'ai appris votre histoire à travers un magazine. Pour en savoir plus j'ai acheté le livre. J'écris pour vous remercier, vous et Andrea, de ce que vous avez fait pour moi : je me sens proche de vous, et dans le cadre de la Mission qui vous a été confiée à tous les deux, considérez-moi comme un petit succès. Catholique, je n'ai jamais été une bonne pratiquante, comme ma famille, du reste. Mes frères et moi n'avons même pas fait notre confirmation. Toutefois, depuis la mort de ma grand-mère et d'un ami de la famille, j'ai réfléchi et je me suis rapprochée de la Foi.

Maintenant je sais que je crois fermement en Dieu et en l'existence de l'au-delà. L'expérience que vous avez vécue est pour moi une merveilleuse certitude et une incitation à une vie meilleure. Grâce à vous je peux m'approcher entièrement de Dieu, en me confessant et en communiant.

Merci à vous et à Andrea, que je sens très semblable à moi par sa jeunesse et sa passion pour le sport. Merci à Dieu d'avoir créé tout ce qui m'entoure. »

Mme P.M., vingt-six ans, avec sa sœur L. et ses amies B.B. et B.B. (n° 1330) de Saint-Pierre (Aoste), le 5 novembre 1986 :

« En lisant votre livre j'ai eu envie d'acheter la Bible, même si je n'étais pas sûre de bien parvenir à l'interpréter. Je n'ai pas fait beaucoup d'études. Vous et votre fils, avec Anita, m'avez rapprochée un peu plus de Dieu, et d'une façon nouvelle.

Dernièrement je me sentais très loin de Lui. Je demande peut-être trop, mais j'aimerais avoir une lettre d'Andrea où il explique tout. »

Suit une lettre adressée à Andrea :

« Cher Andrea,

Merci pour ce que tu as fait et que le Seigneur t'as permis de faire. Je souhaiterais que tu puisses nous honorer de ta réponse, sinon, ce n'est pas grave, cela voudra dire que nous ne devons pas en avoir. Nous remercions Dieu de t'avoir confié cette Mission et espérons que cela aidera notre monde qui ne le mérite pas.

Salut Andrea, et encore merci, merci, merci ! »

Mlle R.V. (nº 1148), de Sessa Cilento (Salerne), étudiante en droit, le 1er octobre 1986 :

« Je vous suis sincèrement reconnaissante car à travers ces pages merveilleuses, manifestation d'Andrea, j'ai trouvé une paix et une sérénité intérieure que j'avais perdues à cause de la mort récente d'un être cher. Votre fils a surtout réussi à consolider ma Foi en Dieu et dans l'au-delà.

Ses témoignages dégagent l'incontestable certitude de la présence vivante de Dieu et de nos chers disparus. Malgré des crises passagères, probablement dues à mes études, j'ai toujours cru en Dieu, mais j'avoue l'avoir découvert seulement ces derniers temps, une redécouverte qui me lie de plus en plus au Seigneur. Grâce à Andrea j'ai la preuve qu'il est possible de s'adresser au Seigneur à chaque instant de la journée, de Lui parler comme à un être aimé, consciente de sa présence, qu'Il nous écoute et nous exhorte à avoir Foi en Lui.

Vous avez eu la chance de recevoir cette grâce de Dieu. En appelant votre fils, Il vous a prouvé que par la douleur terrestre il est possible de s'approcher davantage de Lui, de le louer et d'avoir la Foi. S'il vous est encore donné de communiquer avec Andrea, j'aimerais lui transmettre ce message :

Cher Andrea,

Je veux que tu saches que je crois en toi et à la Mission que Dieu t'a confiée. Je te sens proche comme un ami, je prie pour toi tous les soirs, j'espère que le Seigneur m'écoutera. »

S.S. (nº 1167) d'Albissola Mare (Savone), jeune fille de dix-neuf ans, le 26 septembre 1986 :

« Merci d'avoir accepté la volonté de Dieu par l'intermédiaire de l'âme de votre fils, car vous avez aidé un grand nombre de personnes, et je suis parmi elles. Ce témoignage me pousse davantage à suivre la volonté de Dieu.

Votre livre est pour moi un don du Seigneur. Il a fait en sorte que je le lise juste au moment où je commençais à comprendre que le seul vrai but de notre vie est de suivre la Parole de Dieu, partageant avec Lui et avec nos frères l'Amour éternel.

Vous êtes un exemple.

J'essaierai, moi aussi, d'accepter et d'accomplir chaque jour sa Volonté. »

M.R. (n° 836) de Pietrasanta (Lucques), jeune homme du même âge qu'Andrea, a téléphoné le 24 août 1986.

Il a lu tout à fait par hasard mon livre, bien que ce genre de littérature ne l'ait jamais intéressé. Mais quelque chose en lui a changé, et il le considère maintenant comme un chemin vers la Foi. Pour cette raison il l'a fait lire à d'autres et a même pensé le diffuser parmi les membres de l'ordre du Saint-Sépulcre, auquel il appartient.

C.G. (n° 967) de Abano Terme (Padoue), jeune fille de vingt et un ans, le 16 septembre 1986 :

« Votre expérience m'a bouleversée, mais j'ai compris que ce que vous avez vécu est très important et réconfortant.

Savoir qu'Andrea est heureux, qu'il voit et aime ses proches, vous a certainement beaucoup aidé.

Croyez-moi, j'envie votre privilège d'avoir eu aussi la certitude que l'au-delà existe.

Votre récit m'a confirmé que tout ce en quoi je croyais est sans doute vrai. »

L.M. (n° 609) de Grosseto, jeune fille de vingt ans, le 25 août 1986 :

« Catholique pratiquante, je milite dans l'Action Catholique.

J'étais comme vous un peu sceptique face à des événements inexplicables, mais votre livre m'a fait revenir sur mon opinion et a dissipé beaucoup de doutes.

Je vous félicite d'avoir écrit une œuvre si unique et exceptionnelle. Une prière pour Andrea. »

G.P. (n° 1360) de Piovene Rocchette (Vicence), jeune homme de vingt-quatre ans, le 3 novembre 1986 :

« J'admire la Foi qui vous fait suivre les conseils et les enseignements d'Andrea.

Je n'oublierai jamais ce que vous avez fait tous les deux pour moi. Grâce à vous je sais ce que signifie aimer son prochain dans cette vie, et ce que la Lumière Infinie peut offrir dans l'au-delà à ceux qui ont aimé et donné.

Merci de m'avoir fait connaître la vérité. »

***

Une nouvelle vision de la vie d'Andrea, paix et sérénité

Mme E.M. (nº 352) de Seriate (Bergame), vingt-six ans, le 15 avril 1986 :

« Je dois vous dire toute mon admiration, pour moi le but du livre est atteint.

Mariée, j'ai un enfant de trois ans, Andrea. Ma Foi, qui a jusqu'ici souffert de l'influence appauvrissante des choses de la vie matérielle, a reçu un coup de fouet. C'est vrai, notre existence n'est qu'un bref passage qui doit viser toujours plus haut spirituellement. Merci à vous et au destin de m'avoir permis d'approcher cette œuvre.

Je suis heureuse que le Seigneur vous ait accordé cette grâce pendant que le monde traverse des moments de haine.

Demandez à Andrea, si possible, une bénédiction pour moi et ma famille.

Je ressens une profonde joie. »

A.T. (nº 1166) de Brescia, jeune fille de vingt et un ans, le 3 septembre 1986 :

« Je peux dire que la vie m'a comblée : j'ai des parents qui m'adorent et qui me donnent tout ce que je désire ; ma santé est bonne et j'ai la possibilité de faire des études. Que désirer de plus ? Pourtant la vie m'ennuyait, j'étais très malheureuse sans savoir vraiment pourquoi. Bien que croyante, je n'ai jamais été une catholique fervente, encore moins pratiquante. Mais, j'ai honte à l'avouer, dès qu'un moment délicat se présentait, je m'empressais de demander à la Vierge ou aux Saints de m'aider. Or en lisant ce qu'Andrea a voulu transmettre, j'ai compris que mon insatisfaction n'était due qu'à mon manque de sérénité. La sérénité qui consiste à faire du bien, non seulement à soi-même, mais surtout à son prochain. En effet j'ai toujours cru penser aux autres plus qu'à moi-même. Je me trompais car si je faisais quelque chose pour quelqu'un, inconsciemment ou égoïstement c'était pour recevoir une récompense. Ce qu'Andrea a dit est très important : *« Celui qui sème le Mal récoltera le Mal. Celui qui sème le Bien récoltera le Bien. »*

Après tout ce n'est pas si difficile de faire du bien. Quelques mots suffisent parfois à alléger les souffrances d'autrui !

Veuillez pardonner cette longue lettre, il était nécessaire de vous dire la paix que j'ai éprouvée à la lecture des paroles d'Andrea.

Pour conclure, voici un message pour votre fils :

Andrea, sois toujours auprès de nous pour nous apprendre l'Amour et la Foi en Dieu.

Merci, merci de tout cœur. »

Mme C.R. (n° 2084) de Darfo (Brescia), trente ans, le 24 juin 1987 :

« Je tiens à vous exprimer le bonheur ressenti à la lecture de votre ouvrage si intense malgré l'évocation des moments douloureux que vous avez traversés. Il m'a transmis une grande sérénité, et j'ai été très heureuse d'y retrouver les principes et les sentiments que je recèle en moi et qui, de nos jours hélas, ne sont pas souvent partagés.

J'ai lu d'autres ouvrages en la matière, mais seules les paroles de votre fils m'ont encouragée à affronter la vie et m'ont donné l'espoir en un futur plein d'humanité et d'Amour. Merci. »

Deux jeunes gens de l'Action Catholique, S.M. (n° 2122) et R.C. (n° 2123) de Chiaravalle (Ancône), le 18 août 1987 :

« Nous regrettons de n'avoir pris connaissance de votre ouvrage que maintenant. Ces paroles proviennent de l'au-delà. Inutile de vous dire qu'une fois la lecture achevée chacun de nous s'est regardé en face, découvrant sa petite personne ridicule. Nous pensions être croyants, avoir au moins un tout petit peu de Foi, au contraire, nous ne possédions en nous la moindre parcelle de tout cela.

Nous sommes affligés pour votre fils et en même temps heureux car ça n'arrive pas à tout le monde d'être une âme élue. Jamais auparavant nous n'avions rencontré quelqu'un d'aussi extraordinaire.

Grâce à votre livre, nous sommes à la recherche de la vérité : Dieu. »

***

Nous croyons en la Mission d'Andrea

G.L. (n° 1308), homme de trente ans, ancien secrétaire diocésain de l'Action Catholique et directeur de l'école de catéchisme, actuellement secrétaire général des Confréries Réunies de sa ville, le 4 novembre 1986 :

« Par votre intermédiaire " j'envoie " une lettre à Andrea, que je n'ai pas connu de son vivant. Certainement il en est déjà au courant, j'espère qu'il se montrera indulgent.

En la lisant vous découvrirez la raison de ma démarche. Grâce à vous, notre Seigneur a donné au monde une nouvelle Lumière : puisse-t-il la garder. Si vous m'envoyez une photo d'Andrea, j'en serais plus que ravi. Je la garderai alors dans mon portefeuille avec l'image de Jésus.

" Très cher Andrea, merci !

J'ai connu ton histoire qui m'a tant passionné, par l'intermédiaire de ton père. J'ai pu ainsi redécouvrir une vérité assoupie en moi depuis des années : je crois ! Oui, cher Andrea, je crois en la Lumière Infinie et en toi qui vis dans la véritable et sublime essence de la Vie. La joie de cette certitude retrouvée m'a amené à reprendre ma vie en main pour la réexaminer et la diriger vers le Bien. De nos jours, cher Andrea, la société est froide et livrée à elle-même, mais des âmes 'illuminées' comme la tienne sont capables de la faire changer.

Il y a quelque temps, en apercevant une fleur pousser dans le béton, j'ai été étonné de voir à quel point la vie savait se révéler merveilleuse. Elle naît même là où il y a la mort.

Je ne sais pas pourquoi je me sens si proche de toi qui es désormais dans la Lumière. Peut-être que c'est l'obscurité de ce monde qui nous enchaîne à la froide réalité, à moins que ce ne soient les limites de la matière. Le fait est que maintenant je te sens près de moi exactement comme nous l'enseigne l'Église en la Communion des Saints. Hier soir j'ai remarqué que mes amis me regardaient et me souriaient autrement : sans le vouloir et grâce à toi j'ai retrouvé la force d'aimer mon prochain.

Ma joie de vivre et d'exulter dans ce monde que Dieu a créé et mis à ma disposition afin que je l'utilise pour faire le Bien, la certitude que tu es auprès de moi avec les autres saints, tout cela me fait réellement participer de la Gloire de Dieu. Dans l'obscurité de ma chambre j'ai prié notre Seigneur de te rendre grâce à ma Foi retrouvée. Et ce matin, en allant à l'église implorer le pardon de Dieu j'ai compris la joie qu'on éprouve quand on est dans le vrai.

Je crains la mort moi aussi, cher Andrea, mais je pense que maintenant ma peur est beaucoup plus tiède. Notre corps est un lourd fardeau, pourtant, quelque douloureux qu'il soit, nous y tenons beaucoup. Nous avons le même âge et tu es au courant de mon choix dans la vie : un dur sacrifice mais c'est l'Église qui nous le demande et pour lui obéir, nous devons le respecter. J'espère que mon holocauste sera accepté.

J'ai souhaité posséder ta photo : ne prends pas cela comme une sacralisation de ta personne, accepte-le comme mon ancre de salut. C'est ce que tu es pour moi, pour m'avoir tant donné ! Je sais que je n'ai nul besoin de ta photo pour que tu demeures auprès de moi, mais c'est bon de voir comme tu apparaissais, cher Andrea, car à présent tu es Lumière dans la Lumière, Joie dans la Joie, Amour dans l'Amour.

Quel bonheur de savoir que tu es réellement vivant ! Pour te remercier, puisque c'est grâce à toi que j'ai pu retrouver notre Seigneur, je vais Lui demander que tu deviennes mon ange gardien.

Je pourrais te parler pour l'éternité, mais tôt ou tard nous nous retrouverons, et j'espère que tu me conduiras vers la Lumière et que je vivrai pour toujours avec toi et mes proches.

Avec toi dans l'Amour Infini et Miséricordieux. " »

Dans sa lettre du 12 décembre 1986 :

« Quelle joie depuis la découverte de votre livre. Je vis d'intenses moments de Foi et de prière. Mes prières du matin, par exemple, je les ressens d'une toute autre manière. Tous les jours je dédie à Andrea un très bel extrait du Magnificat. »

Et encore, le 23 janvier 1987 :

« Le souvenir d'Andrea m'a fait accéder à une voie nouvelle où j'ai trouvé plus de force et de confiance en moi-même et en les autres.

J'ai parlé de son histoire à un couple d'amis très chers ; plus j'avançais dans mon récit et plus leur intérêt augmentait. A la fin ils étaient troublés et heureux en même temps car, comme moi, ils avaient vécu ce moment de véritable Foi. »

L.M. (n° 609) de Grosseto, jeune fille de vingt ans, le 16 octobre 1986 :

« Merci de tout cœur et aussi de la part de mes parents et des dizaines de personnes à qui nous avons prêté le livre.

Je vous exprime toute ma joie de m'avoir fait connaître votre merveilleux fils qui, sans l'ombre d'un doute, est assis avec Jésus à la droite du Père. Nous prions pour lui et je suis convaincue qu'il en fera autant pour nous. »

L.P. (nº 1861) de Jesi (Ancône), jeune homme de vingt-cinq ans, le 7 avril 1987 :

« Un an s'est écoulé depuis que j'ai acheté " L'Au-delà existe " et j'ai encore du mal à saisir la portée de son message. Il faut dire que j'ai tout juste eu le temps de le lire avant de le prêter et depuis il n'a cessé de circuler de main en main.

J'ai trouvé en ce livre des réponses déterminantes et fondamentales à mes convictions catholiques. J'aimerais savoir si vous communiquez encore avec votre fils, et s'il vous a donné d'autres... explications au sujet de la vie au-delà. Ce qui m'a sans doute frappé le plus dans cette expérience c'est qu'Andrea veut faire savoir au monde entier que l'au-delà existe avec une intensité et une conscience pour le moins déconcertantes et en même temps sublimes. Vivre une telle expérience ce n'est pas rien et je suis sûr que sa diffusion par le livre et l'interview dans l'émission télévisée " Buona Domenica " est le fruit de sa volonté. »

P.C. (nº 898) de Nuoro, jeune fille de dix-neuf ans, m'a appelé une première fois, le 31 août 1986, pour me dire que depuis la découverte de « L'Au-delà existe » elle pense toujours à Andrea et le sent constamment à ses côtés. Elle m'a écrit par la suite et téléphoné plusieurs fois m'informant des initiatives qu'elle avait prises. Voici quelques extraits de cette correspondance :

- **Le 16 septembre 1986 :**

« Ce livre m'a aidée à consolider ma Foi. Dites-moi ce qu'il faut faire, je serais heureuse de participer, avec vous et votre femme, mais surtout avec Andrea, à cette Mission. Malheureusement je n'ai pas beaucoup de moyens, mais j'ai commandé un exemplaire du livre spécialement pour le prêter à ceux dont la Foi est chancelante, j'essaierai de leur parler, de les convaincre.

Je vous remercie au nom de tous ceux qui croient un peu plus grâce aux paroles de votre fils. Je l'aime et j'espère qu'il continuera à m'aider.

Si vous communiquez encore avec Andrea, dites-lui qu'on l'aime et qu'on prie pour lui. »

• **Le 13 octobre 1986 :**

« J'ai accepté avec plus de sérénité le décès de Vanna, grâce à votre livre. Je crois fermement en l'au-delà. Dans la mesure de mes disponibilités je pourrais faire traduire votre livre, en russe ou en espagnol, à une amie qui prépare sa licence de langues.

Je m'occuperai de tout, et une fois la traduction achevée, vous n'aurez qu'à la faire publier.

Je pense souvent à Andrea, parfois trop. Je crois bien que c'est lui le garçon dont mon amie rêvait il y a cinq ans. Souvent en effet lui apparaissait dans ses songes un jeune homme de Trieste, très grand, les cheveux un peu longs châtains clairs, qui lui donnait des conseils. Elle m'en avait parlé après avoir découvert, par hasard, que le garçon de Trieste mystérieusement disparu ressemblait exactement à celui qu'elle voyait en rêve. Or je ne voudrais pas trop fantasmer mais il se pourrait que ce soit Andrea, et cela serait une preuve que nous sommes tous reliés pour l'aider. Le monde est vraiment petit et nous faisons partie d'une grande spirale qui nous amène à Dieu. »

• **Le 4 novembre 1986 :**

« J'ai parlé à une copine de mon idée d'offrir votre livre à l'évêque de Nuoro.

J'y ai bien réfléchi, si je veux faire quelque chose, je ne dois pas m'arrêter devant les difficultés. Puisque je crois à Andrea et que je veux l'aider, il ne faut pas que l'évêque m'intimide. Après tout je ne lui demande pas grand-chose, juste de lire un livre. A la fin du mois prochain j'en achèterai deux exemplaires pour les offrir à la bibliothèque communale, comme ça, ceux qui ne peuvent pas l'acquérir auront quand même l'occasion de le lire. »

• **Je reçois son appel le 5 novembre 1986.** La jeune fille se propose de faire une traduction en dialecte sarde pour élargir la diffusion du livre.

• **Le 18 novembre 1986** elle m'appelle pour me communiquer que le 30 novembre, fête d'Andrea, elle fera célébrer dans l'église Sant'Andrea de Trieste, une messe pour mon fils à neuf heures.

• **Le 24 novembre 1986 :**
« Samedi dernier j'ai apporté un exemplaire du livre à mon évêque et je lui ai dit qu'après l'avoir lu, j'ai recommencé à fréquenter l'Église et que ma Foi s'est consolidée. »

A.L. (n° 87) de Rovigo, jeune femme de vingt-quatre ans, le 13 décembre 1985 :
« J'ai beaucoup réfléchi à votre livre que j'ai lu plusieurs fois, je l'ai dévoré. Il m'a redonné confiance. J'ai la Foi et j'espère. Chacun de nous devrait être comme votre fils, comme vous, comme toute votre famille. Je vous crois et je crois en Andrea. »

D.T. (n° 230) de Ostuni (Brindisi), jeune fille de dix-sept ans, le 28 janvier 1986 :
« Une amie de Turin m'a envoyé “ L'Au-delà existe ”. Lorsque je vous ai vu, dans l'émission “ Buona Domenica ”, je dois avouer que j'étais plutôt sceptique quant aux phénomènes décrits, comme la tache rouge sur le journal ou les communications avec votre fils par l'intermédiaire du médium. Mais maintenant, à la lecture de votre ouvrage, je suis de plus en plus convaincue qu'il y a une autre vie, plus belle, après la mort. »

S.C. (n° 477) de Pietrasanta (Lucques), jeune fille de quinze ans, le 27 juin 1986 :
« Je crois profondément en l'au-delà, depuis toute petite je crois à la vie après la mort, à la possibilité de communiquer avec les défunts. Mes copines se sont toujours moquées de moi à

cause de ça. Je n'avais pas de preuves pour qu'elles adhèrent à ma conviction. Maintenant, après avoir lu votre livre et les réponses d'Andrea, elles ont changé d'avis et j'en suis heureuse. »

Mme E.S. (nº 655) de Vigliano di Firenze, vingt-huit ans, le 25 août 1986 :

« J'ai abordé votre livre l'esprit ouvert, sans préjugés, comme vous le souhaitiez. J'ai lu beaucoup d'autres ouvrages sur le même sujet, mais celui-ci m'a confirmé ce que je savais ou “ sentais ” déjà. L'au-delà existe, c'est indubitable. Merci pour ce que vous avez fait, j'en avais besoin, cela m'a changée et donné la certitude qu'on réussira à persuader les gens que la mort totale n'existe pas et qu'on peut régler sa vie en fonction de sa mort.

Ce que je veux ? Je me sens faible et je cherche de l'aide pour faire davantage et pécher de moins en moins car je sais qu'un jugement m'attend. »

C.C. (nº 903) de Francavilla Fontana (Brindisi), étudiante de vingt-deux ans, m'avait prié de lui envoyer le livre. **Voici sa lettre du 9 octobre 1986 :**

« Merci de tout cœur d'avoir exaucé ma requête ; merci au nom du Christ, de saint François et de sainte Claire d'Assise.

Que le Seigneur vous donne la paix, afin que vous puissiez, avec l'aide du Saint-Esprit, réaliser la volonté de notre Seigneur Jésus-Christ. Merci. »

M.B. (nº 1783) de Champoluc (Aoste), jeune fille de vingt ans, le 13 mars 1987 :

« Merci. Votre livre m'a littéralement coupé le souffle ! Les messages et la documentation que j'ai découverts m'ont profondément convaincue. »

L.P. (nº 1943) de Casapesenna (Caserte), jeune fille de dix-huit ans, m'appelle le 25 avril 1987. Elle vient d'achever « L'Au-delà existe » qui l'a bouleversée. Croyant en la Mission d'Andrea, elle me prie de lui faire parvenir cinq exemplaires du livre, qu'on ne trouve pas dans son village, afin que d'autres personnes en prennent également connaissance.

P.B. (n° 1954) de Cormons (Gorizia) et A.R. (n° 1971) de Varmo (Udine) toutes deux étudiantes de dix-neuf ans, ont souhaité s'entretenir avec moi **le 6 mai 1987** afin de rassembler les arguments les plus solides pour convaincre leurs collègues de la faculté. Elles me déclarent que leur Foi s'est consolidée, qu'elles adhèrent totalement à la Mission d'Andrea et qu'elles désirent collaborer avec lui en s'intégrant dans la spirale dont il parle.

L.M. (n° 1540) de Cesena (Forli), jeune fille de dix-huit ans, le 12 décembre 1986 :

« Notre professeur de religion a fait référence à " L'Au-delà existe ". J'ai été conquise et je me suis précipitée pour l'acheter.

Je crois qu'une vie nouvelle dans un autre monde est possible et personne ne pourra me faire changer d'avis. »

S.B. (n° 2083) de Capodichino (Naples), jeune homme de vingt-cinq ans, le 19 juin 1987 :

« Votre livre est très intéressant et capital. Depuis plusieurs années je m'intéresse aux phénomènes paranormaux, j'ai donc entendu beaucoup de témoignages affirmant que les morts communiquent avec notre monde. Personnellement j'y crois. Je pense que votre cas est authentique et basé sur des preuves rigoureuses et incontestables qui mettent en évidence l'existence d'une force invisible inconnue de nous. »

***

Le réconfort d'Andrea dans la souffrance

A.I. (n° 1412) de Formia (Latina), jeune fille de vingt ans, 14 novembre 1986 :

« J'ai découvert dans un vieux numéro du magazine “ Gente ” la triste histoire d'Andrea qui m'a profondément touchée et même encouragée à me dire, dans les moments où je voudrais tout arrêter : “ Au fond, cette vie vaut quand même la peine d'être vécue, bien que la mienne ne soit pas des plus heureuses. ” Et c'est en pensant à la douceur d'Andrea que je vous raconte ma malheureuse existence dans l'espoir que vous m'écoutiez sans me prendre pour une folle.

J'ose vous demander de parler de mon cas à votre fils Andrea. Je suis sûre que seul un esprit bon et charitable comme le sien pourra, de là-haut, lire au fond de mon âme, voir mon trouble et m'aider.

C'est vrai, cela paraît impossible mais ça ne l'est pas pour un cœur qui souffre. Merci d'avoir eu la gentillesse et la patience de lire cette longue et pénible lettre.

Une jeune fille accablée. »

R.T. (n° 1923) de Brenta di Correzzola (Padoue), jeune fille de vingt-deux ans, le 28 janvier 1987 :

« J'espère que beaucoup d'autres auront apprécié le contenu de votre livre qui est le témoignage de l'existence de Dieu et d'une autre vie. J'en ai toujours eu la certitude et même si je ne vais pas souvent à l'église, je prie beaucoup, surtout maintenant depuis que mon fiancé, âgé de vingt-trois ans, est mort dans un accident de la route, sept jours seulement avant notre mariage.

Quand vous aurez l'occasion de parler avec Andrea, saluez-le de ma part, c'est un ami. Même si je ne l'ai pas connu, je sais qu'il était très généreux et que sa disparition tragique a causé beaucoup de peine à sa famille. Mais Dieu l'a récompensé de sa bonté terrestre en lui donnant des messages à transmettre aux hommes. »

F.G. (n° 1988) de Voghera (Pavie), étudiante de vingt-trois ans, le 14 mai 1987 :

« Je m'adresse à vous comme à un phare pour me guider vers la Lumière et la Paix. Le 13 avril dernier mon fiancé est décédé à la suite d'une congestion cérébrale. C'était lui qui me donnait l'envie de vivre, maintenant c'est comme si je n'existais plus. J'ai lu " L'Au-delà existe " et l'unique raison qui me permet de continuer à vivre est l'espoir qu'il y a quelque chose au-delà de notre vie terrestre. Depuis que mon fiancé est parti, j'ai commencé à voir dans la mort le seul moyen de me libérer de ma douleur et de ma souffrance, et je reconnais que j'ai souvent pensé au suicide. Mais l'idée d'une vie après la mort me réconforte et me donne le courage d'affronter cette existence terrestre. Je vous prie de tout cœur de me répondre et, même en quelques lignes, de m'assurer de votre conviction et de votre Foi en l'au-delà. Andrea vous a offert le privilège de communiquer avec lui.

Je souhaiterais un témoignage direct de votre Foi. Votre livre n'est que le début. Répondez-moi s'il vous plaît et, si possible, demandez à Andrea des nouvelles de M. En ces instants de désespoir j'ai besoin d'un guide, d'une certitude. Je vous prie d'être mon guide vers la Foi.

Je suis étudiante en médecine et je n'arrive plus à me concentrer.

Je vous en prie, ne m'abandonnez pas ! »

J'ai naturellement essayé de répondre de mon mieux, et voici quelques extraits de sa **lettre du 31 juillet 1987 :**

« J'ai lu votre livre bien avant la mort de M. et, après sa disparition je l'ai relu avec acharnement pour tâcher de trouver entre les lignes une réponse à tous mes doutes et toutes mes incertitudes. Cela a été ma seule lecture sur ce thème parce qu'avant sa " mort " je n'y pensais pratiquement jamais.

Mais depuis j'ai instauré avec la mort un lien très étroit, et la disparition de M. m'a rapprochée de la Foi. Ma seule consolation est de savoir qu'il y a une vie après la mort et que celle-ci est le seul moyen pour l'atteindre. Andrea est la consécration de cet espoir.

J'invoque souvent notre Seigneur et M. afin de recevoir un " signe ", une preuve tangible de leur existence. Mais dans l'Évangile selon saint Marc (Mc VIII, 11-13) je lis : " Qu'a cette génération à demander un signe ? En vérité je vous le dis, il ne sera pas donné de signe à cette génération. "

C'est juste, beaucoup de manifestations ont déjà été données et ma prétention n'est pas justifiée. Combien de fois cependant j'ai l'impression de devenir folle. Alors je m'accroche à des " signes " qui ne m'appartiennent pas, comme Andrea et sa Mission. Je dis qu'ils ne m'appartiennent pas car, en ce cas précis, ou on y croit ou on n'y croit pas. Soit on a confiance, soit on considère que c'est du bluff. Il est évident que vous avez toute ma confiance. Et je remercie le Seigneur. »

R.S. (n° 2080) de Rimini (Forli), jeune femme de vingt-huit ans, le 30 juin 1987 :

« La chose la plus surprenante et qui m'a réellement touchée c'est d'avoir découvert votre livre par hasard lors d'une circonstance, la mort de ma grand-mère, où j'avais précisément besoin de cette " certitude " qu'Andrea nous fournit : à savoir que l'au-delà existe. Et pour moi ça a été un grand soulagement. Je n'ai pas eu peur de le lire ; au contraire il m'a insufflé beaucoup de tranquillité.

C'est un cadeau pour nous tous.

Dieu vous bénisse et vous protège pour cette œuvre de divulgation. Encore merci. »

E.P. (n° 664) de Gallarate (Varèse), jeune fille de vingt et un ans, le 25 août 1986 :

« Je viens de perdre un être qui m'était très cher, mon ami D.

Quelqu'un de mon entourage, qui a vécu une expérience similaire, m'a conseillé votre livre. Bien que sur mes gardes, à cause de ma religion, je l'ai lu. Vous nous avez donné la force de continuer et de croire en cette vie et en l'au-delà.

Quand je regarde le ciel à présent, je ne pleure plus, je souris, je dis : Salut D. ! A bientôt.

Je vous remercie beaucoup. »

E.B. (n° 697) de Milan, jeune fille de vingt-trois ans, le 29 août 1986 :

« Ma mère est morte il y a neuf mois d'un mal incurable. Elle s'est éteinte dans la souffrance. Depuis je n'ai pas pu trouver d'apaisement. Quand je réfléchis à son existence sur terre, faite de sacrifices et de renoncements au service de sa famille, je me dis que sa disparition est absurde, injuste et prématurée.

Mais j'ai trouvé une consolation dans votre livre qui m'a permis d'accepter ce qui est arrivé. Remerciez votre fils de ma part. Ses réponses sur l'au-delà sont mon seul vrai réconfort. »

A.P.D.R. (n° 1129) de Corato (Bari), étudiante en droit de vingt et un ans, le 8 octobre 1986 :

« A mon âge je devrais accepter l'idée de la mort avec une certaine maturité. En réalité je ne peux concevoir que l'homme disparaisse dans le néant.

Je vous remercie d'avoir publié l'article “ Il est venu de l'au-delà ”, et pour le message d'espoir que vous avez adressé à ceux qui souffrent de l'éloignement de leurs proches.

Vous aurez sans doute connu des cas bien plus malheureux que le mien. Croyez-moi, depuis la lecture de votre article, mon chagrin a presque disparu pour laisser place à une sorte de bonheur et d'espoir qui soulage ma douleur et me réconforte. »

A.G. (N° 1250) de Parme, jeune fille de dix-neuf ans, le 16 octobre 1986 :

« Si je vous écris c'est parce que j'ai énormément besoin d'aide pour mes frères, mais surtout pour ma mère.

Merci pour ce livre exceptionnel, il m'a redonné une espérance que j'avais presque perdue. »

11

Les témoignages des personnes âgées

J'attache une grande importance à dédier ce court chapitre aux personnes âgées que je respecte tendrement, car je reconnais la valeur toute particulière qui s'attache au fruit de leur expérience.

Dans cet esprit, je vais donner la priorité à deux témoignages, celui d'une dame de quatre-vingt-onze ans dont les lettres mettent en évidence l'acuité, outre l'émouvante sérénité avec laquelle elle prend peu à peu congé du monde ; et un monsieur de quatre-vingt-dix-neuf ans, ancien officier des carabiniers et toujours très actif, qui vient de publier un livre.

Mme E.F. (nº 579) de Verceil, quatre-vingt-onze ans, le 11 décembre 1986 :

« J'ai lu et considéré attentivement les communications de votre fils Andrea que vous avez su recueillir avec tant de justesse.

J'ai éprouvé beaucoup d'émotion et de satisfaction car inconsciemment je désire depuis longtemps savoir et connaître le sens de notre existence et de notre mort. Tout semble si clairement démontré grâce à la situation privilégiée d'Andrea dans l'au-delà. Ceux qui souhaitent approfondir la recherche de ce mystère pourront peut-être trouver une réponse dans ce témoignage exceptionnel, à travers les messages entre votre fils et vous que Dieu a inspirés. » ...

... « Ce livre m'a permis de pénétrer le drame de la vie sur terre et au-delà. Les messages de votre fils ont une telle force de conviction ! Merci encore. »

Le 28 février 1987 :

« Je suis heureuse que vous ayez si bien accueilli mes appréciations sur votre merveilleux livre, instructif et mystique au vrai sens du terme, sur l'au-delà. Ce document efface toute idéologie et inspire le Bien. Grâce à lui notre conscience acquiert la capacité de réfléchir et de ne pas se résigner à la seule vie terrestre, mais de découvrir un idéal qui la dépasse. »

Et encore **le 16 avril 1987,** avec une écriture devenue très hésitante par rapport aux deux lettres précédentes :

« Très lentement je m'approche du néant.

J'essaie d'aborder ce passage, l'esprit ouvert et limpide, consciente de la vie terrestre et de la vie céleste qui subsiste dans l'inconscient de toute créature : l'au-delà, si généreusement décrit par votre fils Andrea et que vous avez su nous transmettre.

Je suis contente que vous ayez pensé à écrire un autre livre pour remercier Andrea du bonheur qu'il nous a donné. Je sais que vous aurez encore une fois l'intelligence et le courage nécessaires. Je ne serai plus là, mais de là-haut je suivrai tout, prête à vous soutenir.

J'ai donné votre adresse à mes chers neveux qui vous préviendront de mon décès. Andrea sera alors à mes côtés et je pourrai jouir de la beauté émanant de la Lumière Éternelle de l'au-delà. »

M. A.T. (n° 2076) de Sanremo (Imperia), quatre-vingt-dix neuf ans.

Je me contenterai de reporter cette phrase concise et flatteuse :

« J'ai toujours été un dévoreur de livres, mais je n'ai jamais lu une œuvre aussi précieuse que la vôtre. »

Mme I.S. (N° 585) de Rome, quatre-vingt-dix ans (sœur d'un homme d'Église), m'a appelé pour me dire que le livre a été un événement ; elle le relit toujours sans s'en lasser et le recommande au plus grand nombre possible. Elle parle de ma chance énorme d'avoir un fils comme Andrea, un saint qui a reçu la grâce d'accomplir une Mission exceptionnelle. Elle prie tous les jours pour qu'il vienne l'accueillir à l'entrée du tunnel, le moment venu.

Mme C.P.M. (nº 411) de Bologne, quatre-vingt-quatre ans, le 15 septembre 1986 :

« Quelle charité dans vos paroles, Monsieur Lino ! Même les athées au cœur endurci par le manque de Foi, devront se raviser face à la Lumière Infinie, à ce qui nous attend dans l'au-delà. Il n'y a pas de mots pour vous décrire ce que j'éprouve.

Andrea est devenu mon ange gardien (il me l'a dit), même la nuit il ne m'abandonne jamais. Il m'aide et m'accompagne partout, m'inspirant ce que je dois faire. Je pourrais vous citer des dizaines de faits étranges qui m'arrivent.

Depuis que j'ai eu cette chance, je ne veux pas perdre mon ange. »

Mme N.B. (nº 1226) de Afragola (Naples), quatre-vingt-six ans, le 30 septembre 1986 :

« Soyez assuré de toute ma compréhension pour l'événement extraordinaire auquel vous avez participé. J'ai toujours cru aux phénomènes de l'au-delà mais trop souvent j'ai éprouvé des démentis à ce sujet. Maintenant, avec votre révélation, ma confiance est totale.

Si vous habitiez Rome, je viendrais sûrement vous rendre visite ! Mais je suis vieille et seule. »

Mme M.A.S.B. (nº 1366) de Bologne, quatre-vingt-six ans, le 11 novembre 1986 :

« Je viens seulement de lire " L'Au-delà existe " et je suis très émue. J'ai douté parfois de l'existence de cette magnifique réalité, mais les dialogues avec votre fils, les preuves, les témoignages, ont ouvert mon cœur à la Foi en cette admirable certitude. Je suis à vos côtés dans cette Mission et cherche de mon mieux à communiquer ma conviction. »

Mme M.L.A. (nº 814) de Piove di Sacco (Padoue) quatre-vingt-quatre ans, le 12 novembre 1986 :

Je continuerai à relire votre livre inestimable, digne de l'âme de votre fils élu qui jouit désormais de l'autre vie. Sa perte est une immense souffrance, mais quelle satisfaction, quel bénéfice pour nous, pour Dieu surtout. Je souhaite que les témoignages d'Andrea soient diffusés partout dans le monde.

Que Dieu vous donne la force de continuer. Bravo ! Pardonnez mes fautes et acceptez le dévouement sincère d'une vieille femme qui a peu fréquenté l'école. »

Professeur E.P. (nº 1475) de San Severo (Foggia), quatre-vingts ans, le 19 novembre 1986 :

« J'ai lu attentivement votre livre et avec la plus grande émotion. Comprenez mon état d'esprit : je suis au seuil de l'au-delà, j'ai beaucoup médité, il m'a donné confiance et sérénité.

J'ai énormément souffert de la mort tragique d'Andrea, mais je suis soulagé de savoir qu'il est parmi les Bienheureux. Il l'a affirmé lui-même pendant ses entretiens avec Madame Anita.

Que dire de plus ? Merci d'avoir écrit ce livre et de m'avoir fait connaître tant de choses.

Je souhaite que le plus grand nombre de personnes le lisent à leur tour et en tirent les justes conséquences. »

12

Témoignages divers

Les lettres qui vont suivre sont regroupées par genre selon les arguments traités et les bénéfices obtenus. Elles émanent de personnes différentes par la culture, la condition sociale, l'âge et la psychologie.

***

D'Andrea, la Foi

Mme E.S. (n° 1955) de Dugenta (Bénévent) le 11 mai 1987, avait souhaité me rencontrer. A cette occasion elle m'assura qu'elle avait retrouvé la Foi grâce à « L'Au-delà existe », et qu'elle s'en était ouverte par écrit au curé de sa paroisse. Ce dernier lui avait même demandé la permission de lire sa lettre à l'église. Elle désirait mon conseil pour la réponse. Voici sa première missive :

« Père Gennaro.

J'ose vous écrire car j'ai mille choses à vous communiquer. Ce que j'ai à vous dire est d'une telle importance que vous voudrez bien pardonner mes erreurs éventuelles.

J'ai vécu une profonde crise spirituelle pendant des années. Je ne voulais pas croire et souvent j'éprouvais un sentiment de rage envers Dieu. Il était cruel à mes yeux parce qu'il m'avait arraché à ma sœur, lui infligeant une maladie atroce, le cancer, dont elle était morte dans des souffrances épouvantables. De plus, je ne pouvais comprendre un " Dieu de bonté " qui accepte souffrance, douleur, haine, violence, drogue... Je pensais qu'il n'était pas un " Dieu charitable ". Je continuais quand même de croire que Jésus-Christ avait transmis à l'humanité un message unique, que son enseignement était juste. Si seulement les hommes pouvaient le suivre, le monde serait meilleur. Mais comment y parvenir, nous qui sommes si imparfaits ? Vous voyez les pensées contradictoires qui me rongeaient. Sans répit, je cherchais Dieu, et en même temps je ne le comprenais pas. Je voulais la preuve de son existence, je ne concevais pas un " Dieu fantôme " qui ne communique pas. Puis, par hasard, j'ai lu un article dans " Gente " qui m'a bouleversée. On y raconte l'expérience unique d'un avocat de Trieste, Lino Sardos Albertini, qui, ayant perdu son fils, se met à sa recherche. Mais toute tentative s'avère infructueuse, alors, sollicité par un prêtre, il essaie la voie de la parapsychologie. Il a publié un livre sur cet événement, et j'aimerais que vous le lisiez pour mieux comprendre.

Sa lecture a provoqué chez moi un changement radical ; dès ce jour j'ai enfin compris à quel point mes vues étaient présomptueuses et sottes. Dieu est proche de nous, nous faisons partie de ses desseins et il nous donne la possibilité de nous racheter.

Je me sens frissonner, des larmes coulent sur mes joues. Je me repens d'avoir ainsi douté pendant des années. J'ai enfin accepté l'idée que les horribles souffrances d'Anna ont été justement récompensées.

Dans ce livre, le fils défunt de M. Sardos transmet un message : faire savoir aux hommes que l'au-delà existe car c'est l'unique possibilité pour eux de s'approcher de Dieu. Cette Mission lui a été confiée par la Lumière Infinie, c'est ainsi qu'Andrea l'appelle, et son but est justement de permettre à celui qui a des oreilles d'entendre.

Par sa mort cruelle et par son message ce jeune homme a ouvert, non pas mon cœur qui, lui, était plus disponible, mais mon esprit qui ne voulait considérer que les choses tangibles.

J'espère que vous comprendrez mon état d'âme et je compte sur votre aide pour cette Foi retrouvée. »

Mme C.M. (n° 579) de Rome, le 28 juillet 1987 :

« Ce livre a été pour moi une source d'émotion et de perplexité. Je l'ai même interrompu à sa moitié pour le reprendre plus attentivement du début, tellement le sujet était intéressant.

En effet, un changement important s'est produit en moi et non des moindres : j'étais athée et je ne le suis plus.

Peut-être qu'il est plus facile de ne pas croire, on ne se pose pas de questions. Tandis que votre ouvrage oblige à la réflexion et porte aux interrogations.

Tous les gens à qui j'en ai parlé ont immédiatement voulu le lire et cela m'a comblée de joie, car plus il y aura de lecteurs, plus nombreux seront ceux qui, devant une preuve aussi indubitable, croiront à l'immortalité de l'âme. »

Mme R.S. (n° 1208) de Venise, le 19 octobre 1986 :

« Après avoir lu votre livre d'une seule traite, je me permets de vous remercier, ainsi qu'Andrea.

J'ai trente-quatre ans, et suis catholique non pratiquante. J'ai souvent douté des dogmes imposés par l'Église. Les rares fois où j'étais obligée d'aller à la messe, j'éprouvais une sorte de gêne. Toute petite déjà, je me rebiffais contre le " devoir " de suivre les paroles de certains hommes qui sont comme tous les autres, mais qui s'arrogent le droit de faire des sermons du seul fait qu'ils portent une soutane.

J'ai toujours appréhendé la mort comme la fin de tout, quelque chose qui nous prive de la possibilité de continuer à exister.

Cette idée était pour moi une source de souffrance physique, de malaise psychologique, et de refus. Une terreur sourde s'emparait de moi à chaque fois que je m'arrêtais un instant pour réfléchir.

Ce matin, je ne sais pas ce qui m'arrive au juste, je ne veux pas m'exalter, mais tout ce en quoi je croyais et qui me faisait si peur s'est envolé, laissant la place à un espoir nouveau, à une sérénité et une conscience inconnues auparavant. J'éprouve le besoin d'aller à l'église pour me recueillir et, pour la première fois de ma vie, j'ai participé à la messe et suivi les paroles du célébrant.

Au fond de moi je veux continuer à croire et à espérer. Une nouvelle volonté s'est emparée de moi et je désire ardemment la faire partager.

Vous m'avez fourni des outils de travail, je vous en suis reconnaissante. Je souhaite que la même chose arrive à d'autres et je serai heureuse de contribuer à cette Mission. »

Mme C.F.M. (n° 575) de Busto Arsizio (Varèse), le 28 mars 1986 :

« Celle qui vous écrit est une femme âgée, profondément ébranlée depuis cinq ans par la mort soudaine de son fils. Il était père d'une enfant de dix mois. Dès lors j'ai été incapable de prononcer une seule prière et n'ai proféré que des paroles amères.

J'ai eu la chance d'assister à l'émission de Mme Giovetti, ce qui m'a incitée à acheter " L'Au-delà existe ", et depuis je ne suis plus la même. Ma douleur n'est plus désespoir, mais résignation chrétienne. Le cher et doux Andrea m'a redonné la paix, et j'ose dire car j'en ai presque la certitude, que mon fils, profondément honnête, fait partie du cercle des Justes.

Je suis le témoin vivant que la Mission de votre fils a atteint son but. Toute ma gratitude pour ce bienfait spirituel. »

M. C.P. (n° 24), journaliste de Trieste, le 15 novembre 1985 :

« La lecture de votre livre a été foudroyante, elle a réveillé les doutes et les espoirs que je croyais depuis longtemps ensevelis sous un épais rideau de conformisme. »

Mme N.M. (n° 812) de Campione d'Italia, le 11 juillet 1987 :

« Je veux vous raconter comment ma vie a changé après la lecture de " L'Au-delà existe ". Avant je priais seulement quand j'en avais besoin, maintenant je le fais tous les jours et surtout je parle à Andrea (j'ai sa photo) comme si c'était quelqu'un de la famille. J'ai pris l'habitude de lui raconter mes malheurs et je lui demande de m'aider.

Il y a plus d'un an ma sœur a commencé à recevoir de très méchantes lettres anonymes. Je sus par hasard qui étaient les personnes qui les lui adressaient. Ma première impulsion fut de leur faire du mal et chaque fois que je les rencontrais, je sentais monter en moi une haine profonde. Je dis tout cela à Andrea, le priant de m'aider à garder mon calme. Maintenant je n'éprouve que pitié pour ces gens qui ne savent pas ce que c'est que de croire. Andrea m'a redonné la Foi.

A l'époque notre famille traversait des moments très difficiles. Ma fille et mon gendre étaient au chômage depuis deux ans. Un jour j'ai même vu mon gendre pleurer. Désespérée par la situation de mes enfants, je courus à la maison et m'adressai en larmes à Andrea. A un certain moment j'entendis en moi une voix qui disait : “ Aie confiance, aie confiance ”. Je me sentis tout de suite mieux et j'eus la certitude que les choses allaient s'améliorer.

Je continuai ainsi à parler à Andrea, à prier pour lui et pour la Vierge de Medjugorje. En décembre mon mari tomba malade, mais les médecins ne parvenaient pas à établir un diagnostic.

Je disais à Andrea : “ Toi qui parles à la Lumière Infinie et à la Dame Céleste, aide-moi. ” Au mois de mai 1987, pendant que mon mari était encore à l'hôpital, mon gendre reçut un appel téléphonique et fut embauché. Ensuite mon mari commença lentement à récupérer. Désormais guéri, il est depuis un mois à la retraite et ma fille et mon gendre sont de nouveau heureux. Je suis sûre que si je n'avais pas eu la force, l'espoir et la Foi que votre fils m'a donnés, je ne serais pas une femme épanouie aujourd'hui. Je parle toujours avec Andrea et prie pour lui. Merci d'avoir écrit ce livre qui a changé ma vie et celle de beaucoup d'autres. »

M. G.F. (n° 290) de Florence, le 24 mars 1986 :

« Luigi Maria Personè, journaliste et écrivain, et son assistant, Emilio Lorenzini, m'ont conseillé votre livre. Merci à vous et à votre cher fils Andrea qui m'avez donné la preuve que l'au-delà existe. Je désirerais venir à Trieste pour vous rencontrer personnellement et voir les lieux où Andrea a vécu. Je veux que vous sachiez que je suis parmi ceux qui se sont approchés de Dieu. Merci de tout cœur. »

Mme J.S.G. (n° 574) de Rome, le 27 février 1986 :

« Je suis issue d'une famille catholique pratiquante. Bien que recevant régulièrement les sacrements, j'ai senti dernièrement que ma Foi en l'au-delà s'affaiblissait. J'étais tourmentée par des doutes au point de perdre toute ma sérénité.

Alors que j'étais en villégiature à la montagne avec un mari très âgé, j'ai voulu m'acheter un livre pour passer le temps. Je suis tombée sur le vôtre et il m'a procuré un tel bienfait que je voulais vous le faire savoir. J'ai retrouvé la paix intérieure et la preuve concrète que mes croyances étaient justes. J'ai commencé à prier pour mes chers disparus, chose que j'avais négligée par scepticisme. Pour tout cela, recevez toute ma gratitude.

Je ferai lire votre livre à ceux qui, d'après moi, en ont besoin : ceux qui ont perdu un fils, comme vous, et ceux qui ont perdu la Foi et l'espérance. »

Mme P.R. (n° 3) de Trieste, dont j'ai déjà parlé et qui est persuadée que le 4 juillet 1985 son mari a eu la vie sauve grâce à l'intervention d'Andrea qui l'a confirmé (voir p. 71) m'a raconté, au cours d'un entretien **le 17 mars 1987,** que son mari est depuis très attiré par la religion, qu'il désire se livrer à des exercices spirituels et aimerait faire quelque chose de méritoire. La grâce reçue par Andrea l'a complètement changé. Auparavant les questions religieuses le laissaient totalement indifférent, maintenant au contraire il y est de plus en plus sensible et en parle très souvent, y compris avec ses collègues.

⁂

Andrea a consolidé la Foi, donné paix et sérénité

Mme L.A.G. (nº 150) de Turin, le 10 janvier 1986 :

« Je viens à peine de terminer votre livre qui m'a inspiré une sérénité et une paix incomparables. Catholique, j'ai toujours cru en Dieu et par conséquent en l'au-delà. Certes, parfois les doutes sont féroces, car en tant qu'humains nous avons besoin de preuves et de faits concrets pour étayer notre Foi. Mais s'il n'y avait pas " une autre vie ", il n'y aurait aucun rapport logique susceptible de donner un sens quelconque à notre vie ici-bas.

En vous écoutant parler d'Andrea, pendant l'émission télévisée, j'ai été saisie de frissons, peut-être parce que j'ai pensé que le corps de votre fils gît tout près de moi. En effet le Pô coule à deux pas de ma maison. A partir de ce moment j'ai senti en votre fils un ami. Je lui disais : " Je t'en prie, Andrea, fais revenir mon mari et que ma famille soit réunie. " J'ai même invité mon fils à lui adresser des prières en ce sens. Mais ce soir, le livre terminé, je me rends compte de la banalité, de l'égoïsme de ces actes, comparés au pouvoir de l'âme. Prier pour des choses personnelles me paraît vain désormais. Il est bon de prier pour que la paix soit dans tous les cœurs, mais le plus important est que la Mission d'Andrea s'accomplisse. La mort ne me fait plus peur, je sais que là-haut tout est paix et béatitude. Votre fils a raison de dire : " *C'est beau d'être Son ami.* " Cette sérénité, acquise grâce à votre œuvre, j'aimerais la garder pour toujours. Combien de fois j'ai embrassé la photo d'Andrea ! Ses messages, brefs et concis, sont pleins d'Amour et de douceur. La preuve qu'il continue de vous aimer au-delà de la vie terrestre doit constituer une immense richesse pour vous.

Tout est prédestiné, même cette lettre, que j'ai été poussée irrésistiblement à écrire. Je voudrais qu'Andrea sache que je l'aime et qu'il peut me compter parmi les nombreux amis qui l'aident à accomplir sa Mission.

Je suis certaine qu'il y aura un autre livre. Vous avez été choisi pour communiquer avec votre fils qui jouit de la Lumière Infinie. Tout est mystère, incompréhensible mais vrai. »

M. J.V.S. (n° 1595) de Waterloo (Belgique), le 2 janvier 1987 :

« J'ai épousé une femme d'origine italienne qui vit ici, en Belgique, depuis cinquante-trois ans. En septembre dernier nous avons passé nos vacances chez son oncle, à Pinerolo (Turin), et là-bas j'ai découvert votre livre.

J'avais lu un autre ouvrage sur le même thème, " La Vie après la Vie ", du psychiatre américain Moody qui parle d'expériences paranormales, vécues et racontées par des personnes considérées comme mortes, ou qui ont vu la mort en face et qui sont ensuite revenues à la vie. J'ignore si vous connaissez ce livre, mais les témoignages des gens interviewés par le docteur Moody m'avaient beaucoup frappé et apporté un peu de lumière sur l'au-delà.

Seulement, ces témoignages s'arrêtent forcément dès lors que ces êtres retrouvent la vie. Le témoignage d'Andrea, resté au contraire dans l'au-delà, les complète de manière étonnante, en nous donnant des signes bouleversants et continue de nous inonder de Lumière.

J'ai été ému par l'amour d'Andrea pour sa famille, ses amis, et même pour ses assassins.

Il est frappant de constater à quel point Dieu peut transformer un événement si horrible et inacceptable pour des parents, en une source de Lumière, de Foi, d'espérance et d'Amour pour tant de gens.

Malgré ce qu'en dit, très modestement Andrea, la partie du livre qui brosse son portrait me semble un apport indispensable qui nous révèle la profondeur de son message, exactement comme pour la vie des saints. Autre aspect révélateur selon moi, c'est cette suite de faits imprévus, de rencontres fortuites, de propositions d'aide inattendues, tout cela, relié comme une spirale pour atteindre le but indiqué, ne fait-il pas penser à la vie terrestre de Jésus-Christ ?

Sur le plan personnel votre livre m'a apporté une plus grande

Foi. J'y ai puisé une énorme envie de chercher, de suivre la volonté de Dieu, et une joie intérieure qui remplit ma vie. Il m'a aussi permis une meilleure compréhension des Écritures saintes. Pendant les célébrations liturgiques, les mots d'Andrea me viennent souvent à l'esprit, m'inspirant une nouvelle lecture de la Parole, et je participe à la messe de toute autre manière.

Je suis en outre très désireux de partager ce bienfait spirituel avec mon prochain. J'ai parlé de votre livre dans mon entourage et ai suscité un vif intérêt. Mon curé aussi désirerait pouvoir vous lire, malheureusement il n'y a pas de traduction française.

Une personne qui connaît l'italien, au contraire, a immédiatement voulu se le procurer. Elle m'a confié qu'elle avait des dons médiumniques mais qu'elle craignait de les utiliser pour communiquer avec les âmes des disparus.

Pour répondre à ce besoin manifeste de lecture j'ai pris l'initiative de vous traduire, mais avant de continuer ce travail considérable, j'aimerais savoir si, entre-temps, une traduction est en cours et si vous l'avez acceptée[1].

J'ajouterai qu'Andrea est devenu un ami pour moi, je pense à lui constamment et désire faire connaître son message à qui veut l'entendre et en a besoin. »

M. R.C. (nº 135) de Pesaro, le 23 janvier 1986 :

« Comme aucun autre, votre livre m'a séduit pour les vérités qu'il contient. Ces vérités ont conforté ma Foi qui n'a jamais été aussi limpide.

Je suis persuadé qu'il faut mener une vie chrétienne ; ce sont les prêtres qui m'ont toujours rendu sceptique, certains surtout ne sont pas dignes, à mon avis, de la place qu'ils occupent. Puis il y a les guerres, les catastrophes ; il m'est difficile de comprendre pourquoi Dieu ne les évite pas. Quoi qu'il en soit désormais ma Foi sera plus forte.

Continuez comme cela car nous en avons besoin. »

1. *NdE :* « L'Au-delà existe » est désormais traduit en français depuis septembre 1991 et disponible aux Éditions Filipacchi.

M. L.M. (nº 629) de Palerme, le 1er octobre 1986 :

« Je crois fermement aux faits que vous décrivez grâce à l'esprit de votre fils, même si actuellement il est impossible de communiquer avec lui, si l'on considère qu'il a atteint le but de sa “ Mission ”.

Merci de m'avoir envoyé le livre, c'est une grande consolation pour moi. Il faut le lire, méditer surtout. Je suis moi-même un croyant qui mène, tant bien que mal, sa vie de chrétien... mais souvent ma Foi est hésitante. Comme elles sont alors opportunes ces “ étincelles ” de Ciel sur notre pauvre terre qui est en train de s'écarter du droit chemin ! Bienvenu soit ce livre sur l'au-delà. Le Bon Dieu se sert de tous les moyens pour attirer notre attention vers le but ultime : L'AU-DELÀ ! Merci Seigneur ! Merci Andrea ! Merci à vous qui, par votre sacrifice de père, nous avez ouvert les yeux sur le monde... spirituel qui nous attend ! »

M. G.F. (nº 290) de Florence, le 8 décembre :

« Ma venue à Trieste était motivée par plusieurs désirs : vous connaître personnellement, vous serrer la main et vous remercier pour tous les bénéfices reçus ; et puis découvrir la ville où Andrea a vécu sa brève existence terrestre.

Après notre rencontre j'ai pu admirer la ville. J'ai prié longuement dans la cathédrale où Andrea a souvent dû se recueillir, et je l'ai remercié du fond du cœur de m'avoir donné la certitude que notre vie terrestre n'est belle que si nous nous consacrons au Bien. Jamais je ne m'étais senti en paix comme ce jour-là. C'est juste et noble de votre part de vouloir poursuivre la Mission de votre fils et je souhaite à tous ceux qui vous liront d'acquérir la conviction de l'existence de l'au-delà pour vivre d'autant plus sereinement cette existence terrestre. Merci Andrea, et merci à vous qui êtes son intermédiaire. »

Professeur S.M. (nº 1832) de Parete (Caserte), le 8 mai 1987 :

« Andrea a parlé à son père et à sa mère comme s'il était parmi eux, et il les a rendus heureux. Moi aussi, cher Maître, je me demande depuis plus de trois ans de quelle maladie ma femme est morte, étant donné qu'après cent quatre jours de calvaire, aucun médecin n'a su le découvrir.

Comme vous, j'ai milité dans l'Action Catholique, mais à la première grande épreuve j'ai cédé et j'ai l'impression de porter sur mes épaules tout le poids du monde. J'ai interrogé les voyants et les prêtres qui m'ont répondu que si la douleur est grande, la Foi doit l'être d'autant plus. Bien que je vive dans la solitude, je ne maudis pas mon sort, mais je n'arrive pas non plus à dire : " Que Ta volonté soit faite ", ni même à réciter " Notre Père " avec la Foi d'antan. Pourtant, comme je le voudrais !

Je le sais, l'ancre de salut pour ne pas céder au désespoir est de croire à la Lumière Infinie, comme le dit Andrea. Je relirai à plusieurs reprises " L'Au-delà existe ", je méditerai sur toutes les paroles d'Andrea en espérant atteindre la résignation chrétienne nécessaire pour pouvoir soutenir l'épreuve qui m'a été destinée. »

Mme M.G. (nº 842) de Zurich (Suisse), le 9 octobre 1986 :

« Les faits véridiques que vous avez exposés m'ont troublée. Comme tous les catholiques je croyais en l'au-delà, mais votre livre m'a apaisée en effaçant toute trace de doute. Je pense en effet que le dernier instant peut survenir dans la plus grande sérénité, du moment que la vie ne se termine pas, mais commence. Merci, merci surtout à votre fils. Tout était sans doute prévu par Dieu. Je vous souhaite tout le bien possible. »

Mme P.P. (nº 1543) de Rothrist (Suisse), le 15 janvier :

« Andrea a accompli sa Mission car le livre est un véritable miracle et une inépuisable source de consolation pour ceux qui doutent, ne croient pas ou ne savent pas que l'au-delà existe.

J'ai cherché en vain ce livre en version allemande. J'ai su après, par votre lettre, qu'une traduction était en cours. Si jamais il y avait des difficultés, faites-le moi savoir, je serais heureuse de vous être utile, avec l'aide de mon époux qui parle parfaitement italien.

Grâce à vos écrits, j'espère apprendre à prier, car je n'en suis plus capable. Les Témoins de Jéhovah m'ont empoisonné le cœur et l'esprit. Maintenant je commence à respirer plus librement.

Je vous admire tant, merci ! Merci Andrea ! »

Mme E.G. (n° 353) de Milan, le 18 avril 1986 :

« Je dois vous dire tout d'abord que je suis catholique pratiquante et je ne me suis jamais intéressée à la parapsychologie car, si je ne me trompe, l'Église n'est pas très ouverte à cette science médiumnique. Une amie m'a prêté " L'Au-delà existe " que j'ai commencé à lire avec curiosité. Mais plus j'avançais, plus mon entendement spirituel était bouleversé. A plusieurs reprises j'ai eu le souffle coupé par vos dialogues avec Andrea. Je pense vraiment que dans ce cas il y a eu une intervention divine, qu'Andrea a été choisi par notre Seigneur pour une si grande Mission et que vous êtes son proche collaborateur. Merci pour l'aide apportée pour le bien de tous les frères. J'espère qu'un témoignage si poignant et documenté sera lu par le plus grand nombre de personnes, en particulier par celles qui ne croient pas à la vie après la mort. »

Le docteur N.M. (n° 472) de Turin, mon ancien camarade à l'armée, ne trouvant plus le livre, m'avait prié de le lui envoyer. Sa réponse date du **13 juillet 1986 :**

« Saisi par la douleur, tu as su donner consistance à ton inspiration religieuse en écrivant, sans aucune prétention littéraire, le livre adéquat pour tous ceux qui attendent en silence une intervention salvatrice. Ton fils est un médiateur de Salut. Ceux qui se sont approchés de ton livre, croyant être troublés dans leur esprit, y ont découvert une documentation scientifique et appris à déchiffrer l'écriture divine. »

Mme E.S. (n° 1294) de Pistoia, le 20 octobre 1986 :

« Cette histoire bouleversante a suscité en moi une très vive émotion. Je l'ai lue et relue, j'ai pleuré et suivi heure par heure les dialogues avec votre fils de Lumière. Mais, comme il le suggère lui-même, je tire un immense réconfort de la vision de l'au-delà. Merci d'avoir donné espoir à ceux qui croient. Que Dieu vous bénisse. »

M. I.R. (n° 1593) de Piossasco (Turin), a écrit cette lettre le 27 août 1986, ne l'envoyant que **le 9 janvier 1987,** par peur de déranger :

« J'ai quarante et un ans, et je sais pertinemment que vous avez dû recevoir un nombre incalculable de lettres de la sorte. Vous n'aurez sûrement pas le temps de me répondre, mais tant pis. Andrea dit que les miracles arrivent à ceux qui ont la Foi, alors, advienne que pourra.

Le 24 août dernier, pendant mes vacances, j'ai lu par hasard dans un hebdomadaire, l'article concernant votre douloureuse mais admirable histoire. J'avais naturellement déjà entendu parler de parapsychologie, mais ce cas m'a secoué. Le lendemain je me suis mis à la recherche du livre que j'ai lu d'une seule traite, découvrant peu à peu au fond de moi un calme et un bonheur que je n'avais jamais éprouvés auparavant. J'ai grandi dans une famille catholique, et même fréquenté, pendant quelques années, le séminaire. Mais, pour être honnête, ma Foi n'a jamais été très solide. J'ai toujours cru en l'au-delà mais l'idée de la mort m'effraie et me poursuit depuis au moins dix ans. Je ne pourrais vous dire combien de fois par jour je pense à la mort, à ma mort. Or, depuis que j'ai découvert ce livre et que j'ai, pour ainsi dire, parlé avec Andrea, je suis tranquille et apaisé, ma Foi s'est consolidée grâce à lui.

Je suis rentré hier de vacances, et aujourd'hui, comme je n'habite pas loin de Turin, je me suis rendu sur la tombe d'Andrea, dans le parc Valentino.

J'ai écrit cette lettre en remerciement de ce que vous avez fait. »

Mme M.T. (nº 618), professeur à Galbiate (Côme), le 27 août 1986 :

« J'espère que votre démarche permettra aux lecteurs d'acquérir la Foi en l'au-delà, selon le désir d'Andrea, mais aussi de réconforter et de consoler ceux qui, comme moi, refusent le sens habituel de la mort.

J'ai ressenti une petite lueur d'espoir.

A cause de deux morts tragiques qui ont marqué ma vie, j'ai perdu la Foi. Je me sens nue et vidée, inutilement et dramatiquement rebelle.

Maintenant je travaille, j'enseigne la physique, et la matière qui se transforme en énergie ne m'est pas inconnue.

Je vis parce que je nourris mon corps, mais bien qu'ayant un cerveau sain et actif, cette contradiction m'effraie puisqu'elle m'entraîne lentement à penser que tout est vain.

En lisant votre histoire j'ai espéré trouver en ces deux êtres qui ont tellement compté pour moi, un guide pour m'orienter dans la vie, une critique, quelque chose qui m'autorise à croire. »

⁂

Nous croyons en la Mission d'Andrea

M. G.S. (nº 573) de Trieste, m'a écrit le 28 septembre 1985, après avoir lu l'article du journaliste Niccolini (voir p. 20), et avant même que « L'Au-delà existe » ne paraisse :

« Nous ne nous connaissons pas, mais ces quelques lignes veulent exprimer, avec toutes les limites de mon langage et de ma culture, le soutien reconnaissant pour le courage manifesté lors de votre expérience exemplaire avec Andrea " hors de nos mesquineries quotidiennes ". J'ajoute, et je crois que c'est important pour vous, que vous et votre fils avez ouvert, pour beaucoup de monde, une porte à travers laquelle on peut regarder avec confiance pour vivre au mieux notre condition. »

M. P.C., général de Corps d'Armée (nº 509), m'avait écrit une première fois, **le 16 juillet 1986,** pour me confier que sa Foi s'était accrue grâce à « L'Au-delà existe ». Sa deuxième lettre est du **4 août :**

« Je remercie votre fils pour les " fruits " spirituels que son message est en train de recueillir.

L'humanité a extrêmement besoin de croire en un être supérieur, un Dieu de Miséricorde, de Justice surtout, bien que l'Église chrétienne répande ce même message depuis deux mille ans.

Et ce message s'appuie sur des événements extraordinaires qui sont l'œuvre de laïcs, comme Andrea. La Foi en Dieu et en un monde supérieur, se ranime ou se raffermit grâce à de tels intermédiaires. »

M. C.B. (nº 600), le 24 août 1986 :

« Je suis doublement heureux de vous écrire. C'est pour moi un honneur inespéré de communiquer avec une personne qui comme vous s'est engagée à mettre en œuvre une Mission que la Miséricorde de Dieu a confié à une âme élue, celle de votre fils Andrea. Et en plus j'ai découvert derrière l'homme de Foi, au cours de notre entretien téléphonique d'hier soir, un homme doué d'une exquise gentillesse.

Je participe activement à la vie de ma paroisse, organisant parfois des rencontres culturelles à caractère religieux ; je suis catéchiste laïque auprès des jeunes qui se préparent à recevoir la confirmation ; j'appartiens en outre au groupe des Nouveaux Catéchumènes, un mouvement ecclésial d'écoute de la Parole. Je vous raconte cela pour que vous puissiez mieux me situer.

Je tiens d'abord à vous exprimer toute mon admiration et ma profonde gratitude pour votre " travail ". J'ai tout de suite apprécié la conscience chrétienne et catholique avec laquelle vous avez fait face aux messages provenant, de manière si insolite, de votre fils. La réponse que vous avez obtenue, concernant les versets de la Première Épître de saint Jean, m'a rempli de joie. Quelle merveilleuse concordance entre les Écritures et la réalité de la Vie spirituelle transparaît dans les paroles d'Andrea ! J'ai bondi en lisant son allusion à la Dame Céleste de Medjugorje : Andrea ne dément pas ce qui est en train de se passer là-bas. Il me semble, au contraire, y avoir décelé son évidente connaissance de toute la phénoménologie mariale en cours. Eh bien, en mettant les unes après les autres toutes les manifestations surnaturelles survenues ces dernières années : Medjugorje, Kibeho au Rwanda, Okita au Japon, et peut-être Oliveto Citra, dans la région de Salerne, on est bien obligés de déduire, même après une analyse attentive, que la Miséricorde de Dieu agit, maintenant plus que jamais, soit par la puissante présence et intercession de la Vierge, soit par de plus modestes, mais non moins significatifs, apports des âmes saintes que le Père a choisies pour aider l'homme à retrouver la Lumière. Je crois pouvoir affirmer que Dieu nous donne, une fois de plus, “ un coup de main ”, afin que l'indifférence, cette maladie dévastatrice et envahissante, soit refoulée.

Oui, je suis plus que jamais convaincu, qu'Andrea, et vous, Maître, êtes partie intégrante de ce dessein miséricordieux !

Hier après-midi, alors que j'assistais aux obsèques d'une de mes connaissances, j'ai spontanément adressé une prière également à Andrea. Et le soir, après vous avoir appelé, pendant que j'étais en train de dire mon “ chapelet des défunts ”, à nouveau et pour la même raison, ma pensée est allée vers Andrea... Ne vous étonnez pas : au fond il est parmi les saints de Dieu ! Je me rends compte, cher Monsieur Sardos, que j'ai trop abusé de votre temps si précieux... Et pourtant, comment ne pas s'attarder un peu devant cette superbe réalité, émergeant avec force de votre livre, qu'est la Communion des Saints ? Ou devant l'insondable profondeur de la Miséricorde divine qui plus que jamais nous accorde autant d'ouvertures et de contacts entre la réalité terrestre et la Dimension Éternelle ? Ou encore devant l'Amour de Dieu pour l'homme, pour cette humanité qui semble ne pas vouloir la Lumière. Lumière Éternelle, Lumière Infinie à laquelle et par laquelle nous sommes appelés et que, pour la plupart, nous ne voulons ni voir, ni entendre !

Votre livre représente pour moi une puissante confirmation de la Foi et des propositions offertes à tous, par le magistère de l'Église. Je l'ai lu dans une grande ferveur spirituelle, dépourvue de la curiosité superficielle qui apparaît souvent dans ces cas. Cependant, cette même curiosité initiale qu'éprouvent certains, pourrait, plus tard, se traduire en une sérieuse réflexion et en une recherche de la Vérité Éternelle.

A cause de cela, cher Maître, poursuivez dans cette œuvre, ajoutez, élargissez le discours, aidez encore, de votre plume, les innombrables “ assoiffés ” vivant dans ce vaste “ désert ” ! »

M. I.P., commandant des Carabiniers (n° 1395) de Giulianova (Teramo), le 11 novembre 1986 :

« Votre ouvrage est remarquable et merveilleux par le “ témoignage exceptionnel rigoureusement documenté ”. Je vous confesse que l'histoire d'Andrea, atrocement poignardé pour le voler puis jeté dans le Pô enfermé dans un sac en plastique lesté, m'a traumatisé et j'ai encore beaucoup de mal à m'en remettre.

La discrétion et le pardon de votre fils envers ses assassins et le fait de ne pas avoir voulu délibérément en préciser les noms, est le propre d'une âme élue et imprégnée de charité chrétienne.

Le contour de la tête et du cou d'Andrea, photographié dans la vase à deux mètres de profondeur et au moyen de rayons infrarouges et d'ultrasons, présente une très nette ressemblance avec la photo réelle de votre fils. C'est vraiment impressionnant et déroutant. Avec ou sans démarcation par le feutre, la silhouette de la dépouille mortelle prend toutes les proportions d'une véritable preuve.

La Lumière Infinie a consenti à Andrea la localisation de son propre cadavre, lui permettant d'indiquer l'arbuste en direction du quatrième arbre. Stupéfiant mais vrai... Sans compter que pendant les opérations de récupération du corps ont fait surface une jambe de pantalon et une chaussette correspondant à la grande taille de votre fils…

Comment ne pas en rester “abasourdi ” ?

L’au-delà existe et la Mission d’Andrea sera couronnée de succès, croyez-moi. »

Docteur A.F. (n° 1591) de Abano (Padoue), le 4 janvier 1987 :

« Je viens d’achever, au petit matin, la lecture unique et enthousiasmante de votre livre et je n’ai pu refréner mon désir de vous écrire, sans même vous connaître.

Si l’existence de l’au-delà nécessitait une preuve, votre très cher fils vient de nous la donner et vous en témoignez de la manière la plus simple, forte et décisive en même temps, en publiant les procès-verbaux des faits et des entretiens.

Votre ouvrage est tellement merveilleux que tout le monde devrait se le procurer. Quant à moi, je l’ai peut-être lu trop vite pour l’apprécier à sa juste valeur, mais je le garderai parmi les choses les plus chères, avec votre article.

Je suis catholique, bien que piètre fidèle car je me suis laissé prendre par le matérialisme dominant, oubliant que nous ne sommes pas faits uniquement de chair, mais possédons une chose bien plus importante : l’âme. »

Après avoir évoqué la tragique disparition de sa femme, il conclut :

« J’ignore ce que mon épouse est en train de traverser, je sais en revanche qu’Andrea est parmi les Justes, dont parle la Bible dans le Livre de la Sagesse, et il donne la preuve généreuse à toute l’humanité de sa nouvelle et éternelle condition.

Je suis heureux pour vous et pour votre femme, d’avoir l’assurance que votre fils est avec Dieu, et qu’il vous apporte du monde de la vraie Lumière une paix et une sérénité infinies.

Mon seul désir est de vous remercier pour ce que vous avez su rendre public et espère vous connaître un jour. »

Mme A.L.R. (n° 1197) de São Paulo (Brésil), le 18 novembre 1986 :

« Permettez-moi d'être un petit maillon de la grande chaîne que vous êtes en train de “ construire ” pour faire connaître la vérité de l'existence d'une Vie après la Vie. Nous avons, mon époux et moi, littéralement “ dévoré ” votre livre, pour tout savoir jusqu'à la fin. Maintenant je vais le relire plus calmement, en réfléchissant à toutes les questions et plus encore aux réponses de votre cher fils Andrea. Au Brésil, où je vis depuis vingt-huit ans, on entend sans cesse parler des fameux “ médiums ”. J'en ai à présent la confirmation de la part d'Andrea, quand il dit qu'il ne faut pas se fier à ceux qui, par intérêt, nous font croire qu'ils sont en contact avec l'au-delà.

Ici il y a des centaines de témoins qui se targuent d'être en contact avec les Esprits, et à cause de cela le récit de la mort de votre fils n'aurait pas dû, a priori, me toucher plus qu'un autre. Au contraire, il a produit sur moi un tout autre effet qui me laisse, aujourd'hui encore, très émue. J'avais envie de savoir, de connaître toute “ l'histoire ”, je n'arrêtais pas de penser à votre livre et à la façon de le mieux lire.

Si je puis vous être utile, écrivez-moi, je le ferai avec une immense joie. »

Mme C.Z.B. (n° 2071) de Udine, le 18 juin 1987 :

« C'est vraiment le hasard qui m'a fait découvrir l'histoire de votre fils. Mes deux enfants, Andrea, dix-huit ans, et Nicoletta, seize ans, ont également lu votre livre. Nous en avons tous été très touchés. Maintenant nous pensons à l'au-delà avec beaucoup de sérénité. Andrea nous transmet l'espoir merveilleux d'une vie nouvelle après la mort en parlant de la Lumière Infinie qui tient à nous et nous aime, et d'une “ Mission à accomplir ”, par votre intermédiaire... Nous sommes plus que certains que cette Mission aboutira, comme Andrea le souhaite.

Nous avons conseillé votre livre à un grand nombre d'amis, POUR QUE CELA FASSE TACHE D'HUILE. »

M. R.M. (n° 99) de Milan, le 12 décembre 1986 :

« Je désire vous exprimer toute ma compréhension et ma solidarité pour ce que vous avez fait, grâce à votre livre, et pour ce à quoi il sera encore possible de parvenir grâce à d'autres moyens de communication.

Dès que vous entrerez à nouveau en contact avec Andrea, dites-lui ma profonde Foi, ma volonté, et embrassez-le spirituellement de ma part, je vous en prie.

En outre demandez-lui si je peux prendre part à cette merveilleuse démarche. En serai-je digne ?

Je ne saurais comment vous exprimer ma joie, si vous me répondiez favorablement. »

Par la suite ce monsieur m'a écrit à plusieurs reprises et avec le même enthousiasme en se proposant de collaborer activement à la Mission d'Andrea.

Mme V.N.M. (n° 151) de Milan, le 10 janvier 1986 :

« Mon époux est ingénieur, donc plus porté sur la technique que sur la métaphysique, mais il a tout de suite acheté votre livre, et en a été ému au point d'en parler souvent à notre entourage, de le conseiller aux parents et amis, même à notre fille qui vit très loin. Pour moi aussi il a été capital. J'ai particulièrement apprécié en vous l'effort pour sortir d'une réserve, compréhensible lorsqu'on est affligé d'une aussi grande souffrance, et pour transmettre à tous le message de votre fils Andrea. Un message sublime, dans sa simplicité et son humilité, de Foi et d'Amour, que nous essaierons, avec nos limites, de faire vivre dans nos cœurs, et, s'il nous est donné d'y parvenir, de le diffuser autour de nous en mémoire et selon l'exemple de votre cher disparu.

L'espoir et la bonté émanent de votre livre, au-dessus de toute rancune, et sont pour nous un encouragement à affronter les conflits, les souffrances et les rapports avec les autres. »

Son époux a ajouté :

« Je ne pourrais mieux m'exprimer. Je suis moins fervent que ma femme, mais c'est impossible de ne pas y croire. Merci. »

Ce monsieur s'est chargé, avec sa sœur, Mme S.N., de faire traduire gratuitement mon livre en anglais. Sa fille, qui réside au Brésil (R.S. — n° 1719) le traduit en portugais.

M. D.B. (n° 662) de Monza (Milan), le 24 août 1986 :

« J'ai lu dans l'hebdomadaire " Gente " la " triste " et " grandiose " histoire de votre famille. J'en ai ressenti la vérité au fond de mon cœur avant même de l'appréhender avec mon esprit, signe évident qu'il existe en nous tous une mystérieuse sensibilité universelle qui nous fait comprendre toute la douleur qu'un être humain peut éprouver, et Dieu merci, sa consolation de retrouver un contact et donc la certitude de l'Immortalité. Je suis quelqu'un de très ordinaire, dépourvu de dons extrasensoriels, mais j'ai éprouvé le besoin de vous exprimer combien je suis proche de vous. De nos jours trop de monde se laisse distraire par les objets et par le matérialisme, jusqu'à confondre notre transitoire promenade terrestre avec une école de satisfactions physiques et égoïstes.

En tant que croyant je dis que vous êtes dans le vrai et qu'il serait bon que dans les églises, où je me rends rarement, on raconte l'histoire de votre fils, telle que vous l'avez décrite, de façon à réveiller un bon nombre de consciences assoupies. »

M. E.B. (n° 901) de Pistoia, le 11 septembre 1986 :

« Je viens de terminer " L'Au-delà existe " que j'ai reçu il y a deux jours. En lisant les dernières pages, plus exactement le procès-verbal du 18 janvier 1985, j'ai instinctivement éprouvé le besoin de vous écrire. La réponse d'Andrea m'a incité à la plus profonde joie[1].

C'est donc pour vous encourager humblement que j'écris, et non pas pour vous parler de moi ou des épreuves que j'ai été amené à vivre.

Je vous salue tendrement dans l'espoir d'être parmi ceux qui ont été élus pour répondre à l'appel de Dieu, même au prix de leur sang, comme Andrea, et se donnent entièrement, à

1. *N.d.E. :* Voir p. 175-176 de « L'Au-delà existe » (Chez le même éditeur)

l'exemple de la souffrance du Christ, pour le Salut de tous les hommes. Soyez sûr de mon Amour fraternel. »

Mme A.M. (nº 875) de Cilavegna (Pavie), le 15 septembre 1986 :

« J'ai lu avec émotion et enthousiasme l'histoire d'Andrea. Pour la première fois j'ai essayé d'aller au-delà de l'habituelle routine quotidienne pour méditer sur les vérités bien souvent obscures et impénétrables même pour nous pratiquants, vérités sur lesquelles se fonde la Foi.

Maintenant je me rends compte de la valeur authentique et du dessein divin qui se cache derrière toute existence humaine et je comprends que rien dans la vie d'un homme n'est dû au pur hasard. Tout est prédestiné à des fins qui coïncident toujours avec la volonté de Dieu : " VÉRITÉ ET VIE ". La preuve de ce que je viens d'affirmer n'est autre qu'Andrea, né pour remplir une grande Mission. Mais il y a aussi tous les signes que notre Seigneur tente de nous transmettre, chaque jour, à travers les actes les plus simples et les individus les plus humbles.

Je ne peux que vous féliciter d'avoir su comprendre cet avertissement et de l'avoir communiqué aux autres, donnant ainsi l'opportunité de réfléchir à beaucoup de croyants tout en illuminant les sceptiques. L'homme a besoin d'espérer, de croire, de s'agenouiller devant son Dieu qui est Lumière Infinie. Toute initiative relevant de ce but noble, que ce soit un livre, un discours, un message, ne peut qu'être bien accueillie par les hommes et bénie par Dieu. »

M. R.L.R. (nº 1003) de Syracuse, le 25 septembre 1986 :

« Je t'appelle frère sans t'avoir jamais rencontré. Sur cette planète et dans l'Univers, nous sommes tous des frères et des sœurs spirituellement.

Tant d'hommes n'ont pas encore compris que tout ce que nous désirons ardemment, nous ne pouvons le trouver qu'en Dieu, créateur de l'Univers visible et invisible. Ton Andrea a accompli une Mission, celle de naître et de vivre dans l'Amour ; celle de mourir si tragiquement pour témoigner, de l'au-delà, que la vie continue, pour donner la paix à tant de personnes qui ont peur, qui sont sceptiques et ne savent pas ce qui les attend ; mais aussi à celles qui, ayant perdu leurs proches accusent Dieu, s'éloignant ainsi de Lui et perdant la Foi. Grâce à ces témoignages ils sont en train de reconquérir cette Foi, parce qu'ils voient mieux et que la Lumière est enfin entrée en eux. La Lumière peut convertir le Mal en Bien, Andrea nous l'a démontré.

Merci Andrea, très cher frère en Christ, pour ton témoignage, pour le privilège qu'il apporte aux hommes. Merci Lino d'avoir compris la raison de ton existence, grâce à ton fils, d'être devenu l'instrument de Dieu, en consacrant tes pensées, ta plume et ta conscience pour justement faire vivre ce témoignage.

Je souhaite que désormais les gens comprennent que la mort n'existe pas, malheureusement beaucoup d'entre eux sont comme saint Thomas et ne croient pas tant qu'ils n'ont pas eu de signes. J'espère que ton livre contribuera à la conversion de moult personnes, non pas par peur mais par Amour, cet Amour qu'Il nous dispense jour après jour, minute après minute.

Vois-tu, Lino, j'ai essayé, par ces quelques lignes, de te faire sentir combien je suis proche de toi. Je désirais aussi te soulager un peu, car j'ai senti qu'en tant que chrétien, tu n'avais pas conscience des phénomènes spirituels. Maintenant tu crois. Continue ainsi dans ta Mission, Jésus est avec toi. »

M. A.C. (n° 1222) de Zurich (Suisse), le 26 octobre 1986 :

« Merci de m'avoir donné la possibilité de lire, de toucher de mes mains un tel témoignage qui est vrai, réel, et pourtant incroyable même si, en y réfléchissant bien, l'au-delà nous est très proche. N'est-ce pas ?

Il nous a fait beaucoup de bien, à moi ainsi qu'à toute ma famille. C'est un livre très important, que j'ajouterai à ma collection de témoignages émanant du Royaume de Dieu.

Ne voyez-vous pas, Maître, que les desseins de Dieu sont infinis ? Comme le dit Andrea, tout est relié dans une spirale par la volonté du Seigneur. Qui aurait pu imaginer, que résidant à l'étranger et seulement après avoir lu un article dans un hebdomadaire, je serais entré en possession de votre livre ? Les chemins construits par l'homme se terminent inévitablement, mais les voies du Seigneur sont vraiment infinies, comme l'espace qui nous entoure.

Je vous salue tendrement ainsi que votre famille et vous remercie. »

Mme M.B. (n° 1152) de Sesto San Giovanni (Milan), le 8 novembre 1986 :

« Votre livre a remué en moi un torrent de mots et de pensées. Je dirai simplement qu'il est superbe. Merci ! L'année dernière j'étais à Cogne, à la montagne : mon époux avait apporté un petit transistor qui ne marchait pas très bien, afin d'écouter les nouvelles. Malgré nos tentatives répétées nous ne pûmes capter aucune émission, SAUF UNE : votre interview. C'était le soir et nous écoutions, ravis, vos paroles. Mais à cause de la mauvaise réception, il nous fut impossible de comprendre votre nom, pas plus que le titre du livre et l'âge du jeune homme.

Récemment, mon amie Anna M. m'a offert l'hebdomadaire " Gente " et j'ai ainsi découvert le titre de l'ouvrage que je me suis procuré. Il est devenu pour moi un instrument très efficace pour convaincre les autres.

Je n'ai pourtant aucun mérite. Le Seigneur ne m'a apparemment confié aucune tâche, mais mon enthousiasme pour les choses spirituelles est si grand, pour notre Seigneur lui-même surtout, que spontanément je me suis promis, non pas de convertir, de convaincre, d'expliquer ou d'illuminer, mais simplement de faire un clin d'œil, de mettre la puce à l'oreille, de donner un coup de coude à mes frères et sœurs en ce monde afin de les réveiller.

Je veux dédier ma vie à cette cause sans négliger mes devoirs de mère et d'épouse. Dans cette démarche votre livre m'est infiniment précieux, et j'espère que le Seigneur approuvera, ou bien alors Il me fera comprendre que je me trompe.

Vous êtes pointilleux, exigeant sans cesse des vérifications et des confirmations. J'ai eu l'impression que tout en étant convaincu de la vérité que vous étiez en train d'écrire, vous demeuriez sceptique devant les arguments que vous avanciez. Vous êtes donc la personne qu'il faut pour convaincre les incrédules, parce que vous raisonnez comme eux. Votre dogmatisme même, peu souple et qui ne laisse aucune place à un approfondissement spirituel, sera utile aux catholiques observants et sévères. Je suis aussi catholique, mais je pense que le Seigneur aime les adeptes de toutes les religions et les aide tous ici-bas comme dans l'au-delà. Mon attitude peut me faire “ accuser ” de protestantisme rendant ainsi suspectes mes timides propositions de penser davantage à Notre Seigneur. Vous, vous êtes si radicalement et incontestablement catholique que, de ce point de vue, votre livre pourrait très bien avoir été écrit par le Saint-Office.

Je vous remercie encore de l'avoir publié, tout comme je remercie Andrea que j'ai appris à aimer. Je vais en faire circuler un exemplaire. D'autres de mes amis l'ont déjà d'ailleurs acheté.

Je suis sûre qu'Andrea est entre de bonnes mains, que le bonheur que le Père Céleste lui accorde n'est en rien comparable avec celui que vous auriez pu lui donner sur terre. Je suis persuadée que l'Amour n'a pas besoin de matière pour exister, et que dans votre cœur vous êtes déjà au Ciel, avec votre famille. Vous n'avez donc jamais perdu votre fils. »

Docteur M.C. (n° 815) de Rome, le 22 novembre 1986 :

« Ma mère m'a fait lire votre livre qui m'a énormément touché. Je crois en la Mission d'Andrea et pense à lui très souvent.

Dès que l'occasion se présente, je parle à mes amis de votre expérience et de celle d'Andrea, espérant ainsi l'aider dans le but qu'il s'est fixé.

Je désire vous exprimer toute mon admiration pour le détachement et l'honnêteté du récit de cet extraordinaire événement, si tragiquement commencé. Il n'y a pas un mot qui puisse influencer le lecteur et c'est remarquable de votre part, vous qui êtes directement impliqué dans l'histoire et accablé par une douleur qu'aucun homme ne souhaite jamais éprouver. Soyez assuré de mon soutien affectueux. Vous écrire s'est imposé à moi comme une nécessité qui ne saurait se traduire en quelques lignes. »

Mme A.M. (n° 1542) de Bolzano, le 10 décembre 1986 :

« Je vous ai vu il y a un an environ, dans une émission télévisée. J'ai été fortement troublée et j'aimerais vous demander, si possible, le texte dicté par Andrea lors de la présentation du livre. Ses mots correspondent exactement à ce que je crois profondément et sont l'expression du véritable sens de la vie. Sous des prétextes apparemment futiles je ne vous ai pas écrit avant aujourd'hui, même si souvent j'avais des raisons valables pour le faire. Je comprends désormais que ce n'était pas encore le moment. C'est à présent seulement que je suis en mesure de m'adresser à vous comme je le sens.

J'en arrive à l'essentiel : j'ai acheté votre livre extraordinaire après l'émission et j'ai pu en tirer beaucoup d'enseignements, de force et de courage. Ma situation familiale est particulièrement difficile. Il n'y a pas longtemps, dans un moment de découragement, j'ai eu recours au cher Andrea — pardonnez-moi de l'appeler ainsi — lui demandant de répondre à mes angoisses. J'ai ouvert le livre au hasard et j'ai pu lire : “ *Petite maman chérie, ne désespère pas.* ”

J'ai été saisie de stupeur car d'habitude je m'adresse ainsi à lui : “ Mon fils, mon cœur ” ! Et depuis, je reçois la juste réponse dans les moments les plus pénibles de mon existence. Bien sûr, tout peut s'expliquer rationnellement, surtout si l'on tient compte de mon état d'inquiétude et de la volonté qui me pousse à interpréter, d'une manière plus que d'une autre, ce que je lis.

De plus, la phrase : “ *Il faut que tu témoignes* ”, est ressortie deux fois. A présent je suis en mesure de le faire : témoigner par un acte de Foi, et non pas quérir une confirmation. De toute façon j'accepte cette aide comme un don extraordinaire, j'ai entièrement confiance et je suis reconnaissante à votre fils et à vous-même, pour l'enrichissement et la grâce reçus. »

Mme L.S. (n° 1941) de Rome, le 14 avril 1987 :

« C'est avec une grande émotion que je vous écris, tout de suite après la lecture de " L'Au-delà existe. " A vrai dire j'avais déjà vu, à l'époque, l'article dans " Gente ", mais dans un premier temps cela n'avait rien déclenché de plus.

Je dois avouer que le choc émotionnel dû à votre ouvrage a été beaucoup plus fort. Ce qui m'a le plus frappé c'est qu'un avocat, comme vous l'êtes, accoutumé à la technique juridique, ait décidé de surmonter toutes ses résistances pour affronter l'opinion publique sur un terrain si difficile, nouveau et discutable.

Mon père et mon époux sont magistrats et dans la famille il y a aussi des avocats. Je suis donc en mesure de comprendre vos hésitations et vos réactions initiales qui sont d'ailleurs minutieusement racontées, et amplement " démontrées " par ces incroyables procès-verbaux. L'au-delà existe donc, ou tout au moins une dimension supérieure dans laquelle l'esprit humain conserve la mémoire de soi, l'autoconscience (admirable !), les sentiments et les liens avec le monde des vivants, mais purifiés de toutes nos théories.

Tout cela est en accord — vous-même le soulignez — avec un des fondements de notre Foi, le dogme de la Communion des Saints.

Reste toutefois le fait, rarissime, qu'un homme qualifié comme vous en ait obtenu la preuve, pour ainsi dire, physique.

Probablement la raison de tout cela (mais la volonté de Dieu est impénétrable) tient à la remarquable pureté d'Andrea, à la religiosité de votre famille, mais surtout à l'exceptionnelle atrocité de sa disparition. J'ai l'intention de me procurer quelques exemplaires de votre livre pour les offrir à des personnes agnostiques qui me sont très chères, je pense à mon frère, avocat, magistrat et homme d'honneur, mais non-croyant. »

Mme R.G. (n° 829) de Malte, le 24 juillet 1987 :

« Il y a quelques mois j'ai dû subir une opération chirurgicale inattendue. Il s'agissait d'une intervention assez délicate, et la peur me faisait craindre le pire. J'ai prié votre fils Andrea tous les jours pour qu'il me donne force et courage. Et en effet, à mon entrée à l'hôpital, deux jours avant l'opération pour les ultimes examens de contrôle, je me suis sentie inébranlable et pleine d'assurance, et cela m'a permis de réconforter les autres malades.

Je suis certaine que de là-haut, Andrea écoutait mes prières et ne m'abandonnait pas. Tout s'est bien passé, grâce à Dieu et à Andrea, et je me porte bien, comme avant. Voilà, je voudrais que vous sachiez que depuis que j'ai lu votre livre, il y a plus d'un an, votre fils est devenu pour moi comme un ami très cher, un frère. Je parle avec lui tous les jours et je sais qu'il m'entend. Ma confiance en lui me fait sentir toujours plus forte. Il est entré dans mon cœur et je voudrais tant que d'autres personnes partagent mon sentiment et éprouvent la même joie qui se dégage de ses messages.

Si j'ai bien compris votre lettre, il existe une version anglaise du livre, je vous serais très reconnaissante si vous pouviez m'en envoyer un exemplaire, car j'ai des amies qui souhaiteraient le lire. Je pense que c'est un devoir pour moi que de faire connaître ce livre magnifique à tous ceux qui désirent en savoir plus sur les messages d'Andrea, car l'au-delà existe vraiment. Mon espoir est que chacun comprenne mieux afin d'en apprécier davantage la vie et Celui qui nous l'a donnée.

Cette lettre a été difficile à rédiger, mais j'ai demandé à Andrea de m'aider à trouver les mots justes et j'espère y être parvenue. »

***

Andrea a ouvert une brèche dans les cœurs et dans les esprits

Le Docteur R.L. (n° 1570) de Rome, dans son exposé aux membres de l'association « Seniores » lors de ma présentation à Rome de « L'Au-delà existe », **le 24 novembre 1986 :**

« Même si nous avons du mal à l'admettre, la question de l'au-delà nous préoccupe et nous hante bien davantage que tout autre problème contingent, des querelles politiques aux difficultés économiques, des interprétations culturelles jusqu'à nos ennuis quotidiens. Et l'ami Lino Sardos Albertini a voulu nous démontrer, à travers le récit de son drame familial, suivi de l'inquiétante expérience de la dimension métaphysique, que l'au-delà existe, comme le titre même de son livre nous l'annonce. Ce volume en est à sa douzième édition, avec cinquante-cinq mille exemplaires vendus, et reste actuellement en tête du classement des livres les plus vendus. Sa traduction dans plusieurs langues est en cours. C'est un message de certitude plus que d'espérance.

Aucun commentaire n'est de mise, aucune contestation possible. Lino Sardos nous a exposé une série de faits indubitables et qui sont les meilleurs arguments en faveur de la Foi qu'il essaie de transmettre aux autres, à nous, misérables chrétiens sceptiques et désenchantés. Les suggestions et les directives d'un fils perdu et retrouvé au-delà de la vie ont déterminé son objectif missionnaire, sa volonté de faire connaître la vérité à son prochain, de convertir, de réconforter. Une histoire et un livre hallucinants de réalité vécue et documentée. Il nous en a parlé simplement, lui-même étonné de ce qu'il avait vécu, mais persuadé d'avoir été appelé à l'accomplissement d'une œuvre, ô combien nécessaire de nos jours ! “ Pion ” d'une entreprise qui le dépassait, pensait-il, mais qui est en train d'apporter des résultats impensables et inattendus, selon la volonté résolue de la Lumière Infinie, cette entité que nous appelons Dieu. »

Dans sa lettre d'accompagnement du 21 décembre, il ajoutait :

« L'attention dont nous t'avons entouré était un devoir pour des gens comme nous qui s'intéressent à tous les événements qui tranchent avec le matérialisme dominant de nos jours. Et tes mots ont laissé en nous des traces consistantes et ont contribué à nous rendre meilleurs. »

M. P.F.C. (n° 1306) de Rimini (Forli), le 12 mai 1987 :

« J'ai acheté " L'Au-delà existe " pour étendre mes connaissances en matière " paranormale ", comme on dit. J'ai relu plusieurs fois et longuement médité sur ce très beau livre, dont le langage limpide est accessible à tous, et j'ai été vraiment impressionné de constater jusqu'où on pouvait arriver quand on se mettait en contact avec le monde des ombres qui demeure un vrai mystère pour les êtres vivants.

La réponse à mes doutes et interrogations est écrite principalement dans les pages 58, 59 et de 95 à 100 de " L'au-delà existe ". Et même si les plus éminentes personnalités religieuses ne sont pas en mesure de clarifier les zones d'ombre persistantes, nous devons nous arrêter sur les positions acquises et les considérer comme le point le plus extrême atteint jusqu'ici par la connaissance humaine.

Il est impossible de ne pas admettre que nous sommes entourés par une RÉALITÉ invisible à nos yeux mais comme l'a déclaré le père Resch, dont la preuve scientifique est difficile à établir. Si nous voulons faire le lien entre ces études et les récentes apparitions de la Vierge dans les alentours de Salerne, ou à Medjugorje, ou encore au visage, semblable à celui du padre Pio de Pietralcina, qui s'est dessiné sur les vitres d'une ferme à Supino (Rome), et qu'on a même photographié, on arrive à la conclusion que tous ces messages ont un sens évident, même pour les non-croyants et les " tièdes " : faire comprendre qu'il existe un Royaume Transcendant qui domine l'Univers et préside aux destinées de l'humanité.

Votre livre constitue la plus récente et rigoureuse réponse à tant de questions qui nous obsèdent. Il a exercé sur moi une puissante fascination, un avertissement aussi et la consolation de savoir que nous ne devons plus être terrorisés par la mort car notre existence ne se termine pas avec notre mort physique. Nous ne serons pas seuls dans l'autre monde, nous devons donc agir pour le Bien sur cette terre. Tels sont le message et la Mission de ce livre et j'y crois totalement.

Laissons donc de côté les subtiles dissertations académiques qui ne mènent nulle part et tenons-nous-en aux faits tangibles, prouvés et reconnus. »

M. N.R. (n° 2010) de Rome, notaire, le 5 mai 1987 :

« J'ai acheté votre livre en pensant qu'il s'agissait d'un essai sur la métaphysique. Tout en négligeant des détails étranges, je dirai que je l'ai vite mis de côté, après avoir constaté que l'argument portait sur le paranormal, matière pour laquelle j'ai une sorte d'allergie. Mais, suite à des mésaventures qui m'avaient sensiblement troublé, j'ai repris le livre dans l'espoir d'y trouver quelque soulagement. La lecture des dialogues avec votre fils surtout, m'a apporté un réel réconfort. Or, des événements étonnants se sont produits. Par exemple, j'ai adressé une prière à votre fils le soir, avant de me coucher juste après avoir lu le livre afin qu'il m'indique le chemin pour sortir de ma dépression. C'est probablement l'indice d'un malaise neurasthénique ; le fait est qu'à l'aube j'ai fait le rêve suivant... » J'omets la description du rêve pour d'évidentes raisons de discrétion.

« Je ne veux pas m'avancer sur le hasard de ces épisodes (en l'occurrence oniriques) dont je ne saurais expliquer le sens ni les causes : ai-je été influencé ? S'agit-il d'un phénomène paranormal, ou bien de l'interférence des esprits ? Je n'en sais rien. Je n'écarte aucune possibilité (à ce propos un livre de moi va être publié) et je tiens compte de toutes les interprétations imaginables de ce que je n'arrive pas à démontrer.

Dans cette optique, même la soi-disant science empirique paranormale n'est pas à négliger. Mon rêve, après avoir invoqué votre fils, a eu un effet positif sur moi.

Bien que demeurant sceptique sur les phénomènes paranormaux, je crois à la sincérité de votre livre et à la Foi qu'il apporte. De plus je suis convaincu de votre profond désintéressement, la preuve est qu'à certains passages, particulièrement touchants, des dialogues avec votre fils, j'ai été ému jusqu'aux larmes. »

M. G.I. (n° 1907) de Turin, le 2 février 1987 :

« J'ai été très marqué par " L'Au-delà existe ". J'ai trente-sept ans, suis diplômé en sciences commerciales, et positiviste. J'ai passé huit ans chez les Salésiens mais après avoir constaté que les fables qu'on me racontait ne répondaient en rien à la réalité, je suis devenu agnostique.

De toutes mes forces j'ai désespérément essayé de trouver la Foi en Dieu, sans y parvenir. J'aimerais collaborer, de la manière la plus pure et désintéressée, à la Mission de votre fils Andrea, mais sans la Foi ce n'est pas possible.

Voulez-vous m'aider ?

Par l'intermédiaire d'Andrea vous pourriez savoir s'il y a prédestination dans ma requête ; moi, je ne peux que l'ignorer, mais au cas où je devais être voué à ne pas avoir la Foi, alors, ne me répondez même pas, cela serait dérisoire et je ne le souhaite pas. J'espère que vous comprendrez mon désarroi spirituel. »

M. P.G. (n° 569), de Sanremo, P.-D.G. d'une très importante entreprise nationale, est resté pendant toute sa vie à l'écart de toute pratique religieuse. Il m'a écrit ces mots **le 31 décembre 1985,** après la lecture du livre :

« Ce témoignage est essentiellement destiné à contribuer à la connaissance de l'au-delà. »

Suit une lettre du **23 février 1986 :**

« J'ai relu attentivement certains passages du livre. Une constatation tout d'abord : pour la première fois un argument fondamental comme la possibilité de communiquer avec l'au-delà est disséqué et exposé par écrit au public avec de véritables preuves à l'appui. Combien d'autres cas concrets peuvent-ils exister et qui n'ont pas été publiés de manière si positive, ni avec une rigueur scientifique, dirais-je, comme tu l'as fait ? Certes, la précision de ton récit a dû mettre beaucoup de personnes en état de choc. Particulièrement ceux qui vivent ou qui ont vécu des expériences similaires, peut-être moins poussées, et qui trouvent une confirmation aux phénomènes de communication avec des disparus et auxquels ils n'ont pas pu donner d'explications. Il y aurait beaucoup à écrire après avoir assimilé ce que tu es parvenu à nous transmettre. La chose principale qui me vient à l'esprit c'est que depuis que tu vis cette expérience qui te fait participer spirituellement au monde de l'au-delà, tu dois te sentir un autre homme qui a le privilège de jouir de quelque chose qui dépasse l'ordre établi, une récompense pour la souffrance endurée lors de la disparition terrestre de ton cher fils Andrea. »

M. F.M. (n° 156) de Terni, le 8 janvier 1986 :

« J'écris cette lettre, dans l'espoir de ne pas vous importuner et pour vous remercier, ainsi qu'Andrea, de l'extraordinaire livre qui a suscité en moi des sensations et des sentiments indescriptibles. J'ai toujours été catholique par tradition plus que par ferveur et participe, à l'occasion, aux offices religieux, mais pour le reste mon attitude est plutôt neutre et certainement loin de ce qui fait un bon chrétien. Il m'est encore difficile de penser à un Être si puissant qui nous a créés et qui nous aime comme des fils. J'ai essayé plusieurs fois, sans trop de conviction peut-être, de m'approcher de Dieu, malheureusement je ne l'ai jamais trouvé et j'ai abandonné. Dernièrement j'en suis arrivé à refuser définitivement ce Dieu, à considérer la Bible comme un livre d'histoire plus que comme un message divin.

Votre ouvrage m'a énormément troublé. Si ce que vous avez écrit est la vérité, alors je pourrai probablement accepter beaucoup de sacrifices et de renoncements qui m'aideront peut-être à atteindre Dieu. Cette lecture a réveillé en moi beaucoup d'espoir : celui d'un monde et d'une Vie meilleurs " après la Vie ". »

Mme M.G. (nº 1900) de Milan, le 11 mai 1987 :

« Le but de ma lettre, vous l'avez très bien compris, est d'obtenir de vous ces paroles de consolation et d'aide qui m'orienteraient vers le chemin à suivre.

Mon époux, qui a toujours refusé de lire votre livre, a pris la décision de le faire prochainement à l'occasion d'une retraite spirituelle.

Comme vous le voyez, l'œuvre d'Andrea continue grâce à votre engagement.

J'aimerais vous faire part de ma profonde joie pour les bonnes résolutions que vous avez suscitées chez mon époux et moi-même.

Sachez que je vous serai toujours reconnaissante et qu'à ma façon j'essaierai de penser à vous tous les jours.

Dans quelque temps je me rendrai à Medjugorje et j'aurai l'opportunité de passer par Trieste. Je compte vous y rencontrer. »

***

Le réconfort d'Andrea dans la souffrance

Mme A.F. (nº 1479) de Mantoue, le 24 novembre 1986 :

« Les dialogues avec Andrea m'ont apporté beaucoup de sérénité. Merci.

Je désire vous raconter ma rencontre spéciale avec le livre.

Tout d'abord je dois vous dire que j'ai également perdu un fils, Mauro, en octobre 1984, jour de la Saint-François, décédé à la suite d'une grave maladie. Au mois de mai dernier mon frère nous a emmenés, mon époux et moi, à Trieste pour nous distraire et nous faire rencontrer un ami à lui : le père Timoteo Cleftherion, représentant de l'église gréco-orthodoxe.

Je lui ai confié la peine que j'éprouvais. Après m'avoir exhortée à la prière, il m'a dit qu'un signe allait me parvenir et me ramènerait la paix.

Je suis rentrée chez moi perplexe, et quelques mois ont passé.

Un jour du début d'octobre je marchais dans la rue qui longe l'église de Saint-François. J'ai vu venir vers moi, sur le même trottoir, un prêtre et juste derrière lui, un franciscain : le père Luciano Viale. Au moment même où j'allais les dépasser, le père Viale a montré à son compagnon la couverture d'un livre qui, étrangement, était tournée vers moi, et non vers le prêtre.

J'ai eu le temps de lire le titre : " L'Au-delà existe ", et d'entendre le père dire : " Regarde ce que je viens d'acheter. "

J'ai continué pendant quelques pas puis, incapable d'aller plus loin, je me suis retournée et en courant j'ai rejoint le père Viale qui allait regagner le couvent.

Je lui ai demandé de me montrer le livre tout en lui parlant de mon enfant disparu. C'est ce qu'il a fait puis il a ajouté : " Lis-le, ma fille, il a été écrit par un ami très cher que je connais et que j'estime. Il t'apportera la sérénité. "

L'après-midi même mon époux et moi avons acheté le livre. Depuis j'ai retrouvé la paix intérieure et, même si la nostalgie est souvent très forte, j'ai acquis la certitude que Mauro est dans la Lumière Infinie. Pour cela je vous remercie de tout cœur, avec mon époux.

P.S. J'ai parlé de votre ouvrage à d'autres mères que je croise au cimetière et qui ont aussi perdu des enfants, ainsi, le livre est en train de faire son chemin. »

Mme M.G. (nº 1218) de Naples, le 29 novembre 1986 :

« Je vous ai lu avec le plus vif intérêt. Tout ce qui est dans le livre et l'esprit qui anime le texte intégralement, m'a profondément touchée, me redonnant, en partie du moins, un peu de sérénité et d'espoir. Je l'ai conseillé à des personnes proches de moi et qui ont vécu des expériences dramatiques. Le docteur R., par exemple, le gynécologue qui exerce dans la clinique où je travaille. »

Après m'avoir raconté les circonstances dans lesquelles celui-ci avait tout récemment perdu sa jeune fille, elle poursuit :

« A partir de ce moment, lui et sa femme, sont entrés dans une profonde dépression, se laissant aller à la douleur, jusqu'à perdre contact avec le Seigneur. Grâce à votre livre, leur attitude a changé et une petite lueur est née à nouveau dans leur cœur. J'arriverai peut-être à les conduire chez un prêtre qui a été pour moi d'un grand secours : le père Giuseppe, de l'église del Volto Santo, à Naples. Il s'est montré très présent, me soutenant par ses conseils et sa grande Foi, m'incitant à la lecture de votre livre. Il vous estime beaucoup.

A ce propos je voudrais vous annoncer que je me suis permis de faire dire une messe, pour le 14 décembre prochain, en la mémoire de votre Andrea, à l'église del Volto Santo. Il y a certainement beaucoup de personnes qui prient pour lui, tout comme moi. Je me sens proche de son âme et j'ai toujours une pensée pour lui dans mes prières. »

Mme M.L.L. (n° 1539) de Taranto, le 2 décembre 1986 :

« Merci pour cet extraordinaire témoignage. Pour moi qui ai été également terrassée par la disparition de mon fils, c'est le signe tangible qu'il existe une vie après la mort, et ce signe a toujours représenté dans mon esprit, tout comme vous, les prémisses nécessaires de la Foi.

Merci de m'avoir donné, à travers votre expérience, la certitude que mon fils Mario jouit, comme Andrea, d'un bonheur inconnu pour nous, même si malheureusement, cela ne peut pas adoucir le terrible regret de son absence physique à mes côtés. Je suis sûre que votre œuvre va secouer la conscience de beaucoup de personnes qui " ne croient pas " et les fera méditer sur des faits aussi extraordinaires. Impossible de ne pas être convaincu que ce qui vous est arrivé obéisse à un dessein divin ! Je vous remercie donc au nom de tous ceux qui, tout en ayant fait les mêmes réflexions, n'ont pas eu la force de vous exprimer leurs pensées, comme je viens de le faire d'un seul jet. »

Les lettres et témoignages de personnes qui déclarent avoir ressenti un réconfort à la lecture des messages d'Andrea, dans des moments d'angoisse à la suite de la disparition d'un être proche, sont les plus nombreux. Le fait que le livre tombe entre les mains de ceux qui se trouvent dans de telles conditions psychiques et spirituelles et qu'ils en dégagent une certaine grâce est une constante depuis sa parution.

Je ne veux donc pas m'étendre davantage en signalant d'autres témoignages car leur teneur est assez uniforme. D'ailleurs je n'ai rapporté ces fragments que dans l'intention de donner une idée du phénomène des privilèges spirituels extraordinaires dus au livre d'Andrea.

Cinquième partie

Conclusion

13

Observations finales

Ceux qui auront eu la patience de lire ce que j'ai rapporté jusqu'ici et qui auront la constance aussi de se reporter aux témoignages regroupés en appendice (voir p. 171 à p. 263), ne manqueront pas de reconnaître le bien-fondé de l'affirmation faite au début du livre : les résultats spirituels et religieux des messages d'Andrea ont été extraordinairement positifs, au-delà et au-dessus de toute prévision humaine.

J'aimerais rappeler à ce propos les paroles de Jésus rapportées dans l'Évangile selon saint Matthieu (Mt. VII, 15-20) :

« Méfiez-vous des faux prophètes, qui viennent à vous déguisés en brebis, mais au-dedans sont des loups rapaces. C'est à leurs fruits que vous les reconnaîtrez. Cueille-t-on des raisins sur les épines ? Ou des figues sur des chardons ? Ainsi, tout arbre bon donne de bons fruits, tandis que l'arbre mauvais donne de mauvais fruits. Un bon arbre ne peut porter de mauvais fruits, ni un mauvais arbre porter de bons fruits. Tout arbre qui ne donne pas un bon fruit, on le coupe et on le jette au feu. Ainsi donc, c'est à leurs fruits que vous les reconnaîtrez. »

Dans l'Évangile selon saint Luc (Lc. VI, 43-44) il y a le même enseignement :

« Il n'y a pas de bon arbre qui donne un mauvais fruit, ni inversement de mauvais arbre qui donne un bon fruit. Chaque arbre en effet se reconnaît à son propre fruit. »

Il apparaît donc évident que de tels résultats si extraordinairement bons constituent la confirmation la plus probante et manifeste qu'ils émanent « d'un arbre », c'est-à-dire d'une source qui est assurément « bonne ». Un tel jugement est en outre confirmé par le contenu même des messages, car il est tout à fait conforme à l'enseignement de l'Église catholique et par conséquent à ce qui est énoncé dans l'Ancien et dans le Nouveau Testament.

Beaucoup ont souligné cette coïncidence parfaite et j'ai souvent entendu cette affirmation à savoir : que les messages d'Andrea ont contribué à rendre plus clairs et plus compréhensibles certains passages des textes sacrés et jusqu'à l'ordinaire de la messe. (Voir : J.V.S., n° 1595, de Waterloo, Belgique, lettre du 2 janvier 1987 p. 122).

Mme G., n° 580, de Milan, dans sa lettre du 4 février 1986, a même affirmé que, tout en étant catholique, elle trouve davantage de consolation dans des livres comme le mien que dans les articles de Foi et que « l'Église a plus que jamais besoin de parcourir de nouveaux chemins pour retrouver ses brebis ».

Et encore, M. B.D., (n° 662) de Monza, écrit le 1er septembre 1986 :

« En tant que croyant je vous dit qu'il vaudrait mieux que dans les églises, où je me rends rarement, on raconte l'histoire de votre fils, telle que vous l'avez décrite, de façon à réveiller certaines consciences assoupies. »

Naturellement je ne partage pas de tels jugements. Je les ai cités uniquement pour indiquer que, dans le cadre de la religion, les messages d'Andrea ont eu une influence positive sur des personnes qui s'étaient plus ou moins éloignées de l'Église et qui ont trouvé dans le livre une approche nouvelle.

La preuve en est que d'aucuns considèrent « L'Au-delà existe » comme une « relique » et d'autres comme un « second Évangile ». Il s'agit là bien entendu d'excès de langage mais qui indiquent le profond bénéfice spirituel obtenu grâce au livre.

Pour des raisons exhaustives et objectives j'évoquerai différentes interrogations qui reviennent sous la plume des lecteurs ainsi que mes réponses.

Loin d'être un théologien (je ne prétends pas avoir une compétence suffisante pour traiter de tels sujets), je me limiterai donc à souligner ces éléments à travers les messages de mon fils, qui, je le pense modestement, peuvent être utiles pour tirer au clair les questions soulevées.

*
**

Question numéro 1 :

Dans ses messages Andrea n'a-t-il jamais dit quelque chose qui confirme le bien-fondé de l'Église catholique par rapport aux autres religions ?

En tant que réponse, je rappellerai le passage de « L'Au-delà existe » où, selon le conseil de saint Jean (I, 4, 1-6) sur la manière de distinguer les esprits inspirés par Dieu des autres, j'ai demandé à Andrea « s'il confessait Jésus venu dans la chair ». Il a répondu ce qui suit :

« *Sur ce sujet, je peux tout confirmer. En effet, Jésus, c'est-à-dire la Lumière Infinie, veut avec un Amour Infini que toutes ses brebis paissent sur le grand pré parsemé de divines paroles qu'est la Bible : Je le confirme au nom du Christ.* »

Dans ces quelques mots se trouve l'assurance absolue de la vérité du christianisme dans son essence, car on reconnaît que Jésus-Christ s'identifie à la Lumière Infinie, c'est-à-dire à Dieu, comme nous l'appelons.

De plus je ferai remarquer que le fait même qu'il y ait des rapports entre l'esprit d'un mort, mon fils, et un vivant, tel moi, étaye un dogme fondamental que l'Église catholique a toujours affirmé, contrairement à d'autres églises chrétiennes : la Communion des Saints, à savoir l'existence de communication entre l'Église Militante (les vivants) et l'Église Souffrante et Triomphante (les morts).

⁂

Question numéro 2 :

Andrea n'a-t-il jamais parlé du Purgatoire ?

Andrea a affirmé le principe, qui constitue également un dogme de l'Église catholique, du Jugement Divin de nos actes à la fin de nos jours terrestres. Pendant l'émission télévisée de la première chaîne de la RAI du 1er juin 1985 il a dit :

« *Celui qui sèmera le Bien, récoltera le Bien, celui qui sèmera le Mal, récoltera le Mal.* »

Il a ensuite dessiné un œil :

« *Le dessin représente l'œil de Celui qui sait et voit tout, la Lumière Infinie.* »

Il est évident que de telles expressions font allusion au principe que Dieu connaît tous nos actes et qu'Il nous jugera en conséquence.

Or, étant donné la variété des comportements humains, il en découle que le Jugement ne saurait se manifester d'un côté par la plus haute récompense, le Paradis, et de l'autre par la plus haute punition, l'Enfer. Ce serait la négation de toute justice. Le Paradis et l'Enfer représentent les deux pôles du Jugement dans le Bien et dans le Mal. Mais comme dans tout jugement il doit exister, au milieu, une multitude de positions intermédiaires qui s'expriment par le concept de Purgatoire.

Dans d'autres messages, du reste, Andrea a employé le concept du tunnel noir à traverser et de la Lumière qui est au bout, du temps, plus ou moins long, qu'il faut compter pour le traverser avant d'arriver à la Lumière tant désirée, mais aussi de la position plus ou moins privilégiée des âmes des trépassés. Ces concepts confirment pleinement celui du Purgatoire, c'est-à-dire d'un jugement établi selon le comportement des défunts pendant leur vie terrestre.

⁂

Question numéro 3 :

Comment se fait-il qu'au-delà il y ait des personnes qui, comme Andrea le dit de lui-même, occupent des positions privilégiées ?

Si l'on pensait qu'il existe au-delà une parfaite parité de traitement pour tous, cela équivaudrait à la plus grande injustice. En effet, cela impliquerait que celui qui a désobéi dans une plus large mesure à la Loi de Dieu (qui a semé énormément de Mal), aurait le même traitement que celui qui a été le plus respectueux possible de la Loi de Dieu (en semant le Bien). Ce serait la négation la plus absolue de toute justice et donc de tout Jugement.

Il est clair en revanche que la position dans l'au-delà, après le Jugement à la fin de nos jours, ne pourra que répondre à notre comportement ici-bas. En ce sens il y aura des âmes qui, selon leur bon comportement, occuperont une position privilégiée par rapport à celles qui auront eu un comportement moins bon. L'expression « privilégiée » ne signifie pas bénéficier d'une position meilleure que celle qu'ils auraient dû avoir mais, au contraire, une position meilleure en fonction de leurs propres mérites.

***

Question numéro 4 :

Comment concilier le fait qu'Andrea puisse communiquer avec son propre père avec la réponse d'Abraham au mauvais riche lequel lui demande de faire ressusciter Lazare pour l'envoyer dans la maison de son père afin de rapporter à ses frères ce que sont les peines de l'Enfer pour qu'ils se repentent ?

La réponse d'Abraham est : « Du moment qu'ils n'écoutent ni Moïse ni les Prophètes, même si quelqu'un ressuscite d'entre les morts, ils ne seront pas convaincus. » (Luc XVI, 27-31)

Pour une analyse pertinente je m'en remets aux spécialistes, néanmoins je pense que, du point de vue de l'interprétation purement logique du passage cité, on peut faire les observations suivantes :

- La réponse d'Abraham se réfère au cas d'une personne qui

« ressuscite ». Andrea, au contraire, n'est absolument pas un « ressuscité » mais une âme qui, « de l'au-delà » (Église Triomphante), est en communication avec les vivants, c'est-à-dire avec son propre père (Église Militante), dans le cadre du dogme de la Communion des Saints. Cela fait du reste partie des cas dont on a connaissance soit à travers les Écritures Saintes, soit à travers la morale catholique. Il s'agit donc de deux hypothèses complètement différentes.

• La réponse d'Abraham est motivée uniquement par le moment historique dans lequel vivaient les frères du mauvais riche, et ne constitue pas une pétition de principe quant à l'impossibilité que l'hypothèse du mort qui ressuscite puisse se vérifier. On observera au contraire, qu'à l'époque même à laquelle se réfèrent les Évangiles, Jésus a fait ressusciter des morts, dont Lazare, décédé plusieurs jours auparavant.

Pour ce qui est du jugement d'opportunité, il est contingent, et peut évidemment changer dans le temps suivant les conditions culturelles, sociales et religieuses. D'autre part, il est indéniable que le contexte dans lequel vivaient les frères du mauvais riche et auquel la réponse fait allusion, était complètement différent de celui d'aujourd'hui. Il suffit de penser qu'à cette époque le principe de l'existence d'un esprit en dehors de la matière (Dieu unique ou plusieurs dieux), était généralement accepté tandis que de nos jours la conception de l'évolution matérialiste de l'univers est très diffusée, avec l'exclusion de Dieu comme unique Esprit créateur et ordonnateur.

A présent il est donc particulièremnt important que les hommes puissent se rendre compte — en opposition avec la conception matérialiste si répandue — qu'un au-delà existe, c'est-à-dire que les âmes survivent aux corps et peuvent communiquer avec les vivants. Si tel était le cas, on pourrait non seulement secouer les fondements du matérialisme selon lequel le monde n'est constitué que de molécules destinées à se mélanger sur le principe du chaos, mais on reconnaîtrait nécessairement l'existence d'un Esprit supérieur dont les âmes immortelles dépendent ; un Dieu créateur et ordonnateur de l'Univers, à la Loi duquel nous devons obéissance.

***

Question numéro 5 :

Y a-t-il une possibilité d'interférences d'autres entités, ou du subconscient du médium, dans les réponses fournies par Andrea, et rapportées dans « L'Au-delà existe » ?

J'en ai été moi-même fortement préoccupé, bien entendu.

Je rappelle tout d'abord que depuis ma deuxième rencontre avec Madame Anita, Andrea nous avait prévenus qu'une partie des messages reçus au cours de la première rencontre ne provenaient pas de lui et ne correspondaient pas à la vérité, parce qu'une entité étrangère négative était intervenue.

Nous lui avons donc demandé quelles étaient les réponses de cette entité et avons ainsi pu les isoler et les exclure du livre. Par la suite nous avons pris l'habitude d'interrompre de temps en temps les questions pour obtenir la confirmation que c'était toujours Andrea qui répondait.

L'épisode, très significatif, de l'intervention de Gigi Rosani, dont je parle dans le livre, démontre aussi la possibilité d'interférences d'entités étrangères, même si elles sont positives.

Le cas le plus typique s'est vérifié après, pendant les recherches du corps d'Andrea dans le Pô. Il nous a informé que pendant toute une phase il n'avait pas été présent et que par conséquent les réponses reçues ne venaient pas de lui, mais d'autres entités.

J'ai évidemment exclu du livre toute cette série de réponses, en apparence suggestives, mais qui se sont par la suite révélées sans fondement.

Il ne faut pas non plus négliger l'éventualité que le subconscient du médium puisse influencer la réponse. C'est la raison pour laquelle j'avais cité, parmi les éléments positifs en sa faveur, que Madame Anita était, à l'époque, totalement étrangère à l'activité médiumnique et ne portait aucun intérêt à la littérature concernant cette même activité.

Toutefois il y eut un seul argument du même ordre, sur lequel elle avait des idées bien précises, qu'elle a même défendu par la suite publiquement, où nous avons eu quelques réponses manifestement marquées par son subconscient. J'ai, là aussi, pensé qu'il était de mon devoir de ne pas rapporter ces propos dans le livre, d'autant plus qu'ils n'étaient pas conformes au sujet traité.

J'ajoute que sur ce point Andrea m'a donné un avertissement très significatif.

J'insiste encore une fois sur un concept, fondamental à mon avis, et qui veut que l'on soit extrêmement prudents en ce domaine.

Cela signifie avant tout qu'il faut tenir compte des conseils d'Andrea :

- Exclure toute personne qui tire un avantage soit matériel (économique), soit moral (notoriété, publicité, etc.) de son activité médiumnique.
- Ne pas poser de questions banales.
- S'assurer que les messages sont accompagnés de « signes » surnaturels.

Même si ces conditions sont réunies, il ne faut pas négliger la possibilité d'interférences d'entités négatives ou l'éventuelle influence du subconscient, et cette dernière est d'autant plus probable que le médium s'intéresse à la médiumnité en général et a des idées bien précises sur le sujet.

Afin que les messages puissent être considérés comme « vrais » — donc provenant d'une entité positive agissant en accord avec la Lumière Infinie — ils doivent être conformes aux principes du christianisme et de la doctrine catholique, et systématiquement apporter un bénéfice spirituel, un bon fruit, à celui qui les reçoit.

Dans le cas contraire il ne faut pas les accepter. En effet, même d'un point de vue purement rationnel, il n'est ni raisonnable ni logique de donner plus de crédit à une telle source, qui présente tant d'inconnues, qu'aux Évangiles et à leurs illustres interprètes, qui depuis des millénaires et dans tous les pays ont dédié leurs vies à en apprécier l'importance. Il est aussi inadmissible que, d'une entité positive vivant dans la Lumière Infinie, puissent dériver des résultats spirituels négatifs.

14

Une fondation pour collaborer à la Mission d'Andrea

Je désire maintenant informer les lecteurs sur ce que je considère être la conclusion de toutes les expériences faites jusqu'ici.

Les résultats extraordinaires dus aux messages d'Andrea, et interprétés à la lumière des enseignements évangéliques rappelés plus haut, m'ont conduit à juger du bien-fondé de leur origine, au point de me convaincre de la nécessité morale de dédier le peu d'années qu'il me reste à vivre à collaborer de mon mieux, en tant que « pion », à la Mission de mon fils et de faire en sorte qu'elle puisse se perpétrer dans le temps bien au-delà de l'édition d'un ou deux livres.

L'idée m'est donc venue de donner le jour à une fondation, destinée à perdurer, dans le but, non seulement de divulguer les messages d'Andrea, en Italie et dans le monde, mais aussi de participer à sa Mission en étudiant avec une rigueur scientifique et logique, en divulguant tous les faits pouvant constituer des preuves ou des indices sérieux sur la survie de l'âme de nos trépassés, et d'exclure implacablement tous ceux qui donnent lieu à la formulation d'une hypothèse, la plus hasardeuse et éloignée soit-elle, d'une provenance possible de forces physiques ou psychiques d'origine terrestre.

En d'autres termes il s'agira de procéder avec une rigueur analogue à la méthode appliquée par l'Église catholique à la reconnaissance du caractère miraculeux d'un fait.

Un tel procédé est nécessaire pour des raisons pratiques. Il arrive souvent que des cas sérieux et concrets pouvant constituer des éléments probatoires de l'existence de l'au-delà, soient discrédités parce que mis en relation avec des cas analogues qui, au contraire, s'expliquent aisément par des causes psychiques ou physiques à caractère terrestre. D'autre part l'inconvénient inverse, sans doute pire, se vérifie aussi fréquemment : ceux qui sont convaincus par de sérieux éléments indiquant que les morts communiquent avec les vivants, ont tendance à considérer comme provenant de l'au-delà des faits qui, en réalité, sont d'origine humaine, inconsciente ou frauduleuse. D'où le danger de prendre des concepts totalement erronés pour des vérités révélées. Il est indispensable, par conséquent, en vue de l'évaluation sérieuse, objective et scientifique de ces phénomènes si délicats et difficiles à appréhender, d'être en mesure de les affronter avec une rigueur et une prudence extrêmes.

Il est indubitable qu'une fois qu'on a constaté que dans la réalité existent des événements « anormaux » — c'est-à-dire qui ne rentrent pas dans les lois scientifiques et donc ne sont pas explicables à travers celles-ci — l'homme, l'homo sapiens, n'a absolument pas le droit, face à cela, de fermer les yeux et de faire comme si de tels événements n'existaient pas, de détourner son intérêt, ou pire encore, de les nier, quand ils touchent par exemple les limites de l'irrationnel.

C'est justement parce qu'il s'agit de faits qui ne sont pas du ressort des normes habituellement connues, qu'il est d'autant plus nécessaire de les étudier avec rigueur et prudence, dans la mesure où ils sont rationnellement inexplicables pour la science actuelle.

J'ai soumis mon projet au père Pasquale Magni, théologien, le 25 novembre 1985, à l'occasion de sa venue à Trieste pour la présentation publique de « L'Au-delà existe » et qui m'a communiqué son avis par lettre, le 15 décembre 1985 :

« L'immense bénéfice que nous tirons des témoignages d'une existence “ que nous appelons au-delà de la Vie ” parce que “ Vie au sens fort ”, non seulement suggère, mais sollicite la mise en œuvre d'un centre de documentation qui soit en mesure d'aider les croyants et les non-croyants. Aux croyants, de manière analogue à ce que nous enseigne l'histoire de la théologie : la théologie est en effet la réflexion du " fait révélé " en symbiose avec la connaissance, la science, l'expérience.

Aux non-croyants, de façon comparable au processus éducatif qui embrasse dans sa totalité l'arc de la vie de l'homme. " Rien de ce qui est humain ne m'est étranger... " disait Térence. Comment pourrait nous être " étranger " un chapitre de la Vie au sens fort ? A plus forte raison aujourd'hui où la " quantité de vie " — le nombre de jours, de grammes, de calories — a recours en appel au tribunal de la qualité de la vie. " Centre de Documentation Eschatologique "[1], étude d'analyse scientifique et synthèse raisonnée : l'au-delà vu d'ici par tous les moyens dont nous pouvons disposer. Mettre à la disposition de tout le monde de telles recherches signifie rendre un service incomparable aux hommes de notre temps.

Avec mon soutien chaleureux. »

Il est difficile d'imaginer un encouragement plus élogieux. Le père me le confirma d'ailleurs dans sa lettre du 20 janvier 1986 :

« Andrea nous a pris par la main dans une terrible tragédie. Un jeune homme est mort entre les neiges et les roches des Dolomites : il est sorti de la piste et s'est envolé vers l'Éternel, en laissant son pauvre corps écrasé entre les rochers.

Un inconnu a répondu au désespoir de la mère en lui offrant un livre qui réveille le discours sur " l'au-delà ". Au moment où j'allais prendre connaissance de la lettre de témoignages que je venais de recevoir — et dont j'ai été particulièrement ému — cette mère frappait à ma porte, guidée par Andrea et avec lui, invisible, le jeune skieur Alessandro. Ses yeux que les larmes avaient clos se sont réouverts sur le sourire.

Continuez ainsi, cher Maître. Votre Centre de Documentation Eschatologique deviendra une source de Miséricorde : " Consoler ceux qui souffrent, redonner l'espoir aux désespérés, offrir un

1. *Eschatologie :* partie de la théologie qui se consacre à l'étude des fins dernières de l'homme et du monde. Elle traite aussi de la Résurrection et du Jugement Dernier.

vêtement à ceux qui sont nus, dépouillés de tout sens de la vie... ”

Avec mes souhaits les plus affectueux. »

L'idée de créer une fondation est née du souci de trouver la solution adéquate pour répartir les droits de « L'Au-delà existe » (mis à part ceux provenant des dix mille premiers exemplaires que j'avais destinés à l'éditeur) car je ne voulais, en aucune manière, en bénéficier : cela aurait été un sacrilège !

Mais il m'a semblé cohérent et rationnel qu'une fondation, ayant pour but de perpétuer la Mission d'Andrea, puisse disposer des moyens indispensables à sa création et à son activité en utilisant, dans un but strictement spirituel, l'argent obtenu par la diffusion des messages de mon fils.

La fondation porte naturellement le nom d'Andrea. Son siège est à Trieste, via XXX Ottobre, 4.

Elle agira par l'intermédiaire d'experts ou de commissions d'études permanentes ou formées au fur et à mesure, selon les sujets à traiter.

Il sera évidemment nécessaire, pour que le développement de son activité prenne une certaine importance, qu'au capital de la fondation soient intégrés d'éventuels bénéfices ultérieurs grâce à la diffusion de « L'Au-delà existe » en Italie, et, nous le souhaitons, à l'étranger, y compris bien entendu, ceux du présent volume.

Je remercie infiniment Dieu qui me donnera, je l'espère, la possibilité de terminer mon existence en exerçant une activité on ne peut plus noble, guidé par mon fils, né et mort pour cette Mission, et en attendant de le rejoindre.

Je m'en remets donc humblement mais chaleureusement aux prières de tous ceux qui partagent mes propos, et souhaite que les résultats puissent correspondre à mes intentions et qu'au bon grain ne se mélange pas l'ivraie, comme il advient souvent dans les œuvres qui glorifient la Lumière Infinie.

Trieste, le 11 septembre 1987.

Appendice

Extraits de témoignages

15

D'Andrea, la Foi

Mme G.P. (n° 18) de Trieste, le 24 décembre 1985 :

« Je lis et relis le livre d'Andrea comme un second Évangile. Il faut le traduire dans toutes les langues pour que tout le monde puisse y accéder. Andrea est un grand saint.

Même une de mes amies, qui ne croyait pas en Dieu, après avoir lu le livre a été convaincue et maintenant elle prie et fréquente l'Église. »

Mme A.B. (n° 251) de Trieste, le 24 décembre 1985 :

« Le bien que ce livre m'a fait ! Il m'a apporté tant de lumière et d'espoir. Il sortira des frontières de l'Italie. J'avais pratiquement perdu la Foi. Si j'allais à l'église, c'était par habitude et je n'arrivais pas à prier. A présent j'ai retrouvé la Foi, je prie avec joie et ferveur jusqu'aux larmes. »

Me A.M.C. (n° 173) de Padoue, le 14 janvier 1986 :

« J'ai lu deux fois votre livre. Il m'a troublé. J'ai parlé avec beaucoup de personnes qui ont retrouvé la Foi grâce à lui. Les questions sont belles, mais les réponses sont impressionnantes. On s'est arraché le livre qui est maintenant introuvable. Je crois à ce que dit Andrea. Ma sœur et ma tante qui l'ont lu également sont enthousiasmées. »

Mme A.M. (nº 163) de Veniano di Como, m'a appelé **le 19 janvier 1986 :**

« J'ai trouvé le livre chez les sœurs de Saint-Paul, maintenant je dois vous dire merci, merci, merci. Je n'allais plus à l'église. Il m'a illuminée. J'ai retrouvé la Foi. »

M. L.R. (nº 286) de Trente, lors d'une rencontre **le 20 janvier 1986,** me dit que son fils, âgé de seize ans, avait abandonné la religion après la disparition tragique d'un copain dans un accident de la route. La lecture du livre l'a touché. Depuis il est retourné à la messe et communie. Il a offert le livre à un journaliste athée qui s'est converti.

Mme A.N. (nº 141) de Vérone, le 27 janvier 1986 :

« Merci mille fois, cher Maître. Je suis heureuse et émue car dans mon immense souffrance j'ai non seulement trouvé la Foi mais aussi une grande consolation dans mon effort à vivre de nouveau. L'amour des enfants et des parents peut surmonter toute barrière humaine avec la compassion et la volonté de Dieu. »

Mme C.R. (nº 274) de Turin, le 23 mars 1986 :

« Mon époux pense, comme moi, que grâce à Andrea nous sommes retournés à Dieu. Je suis reconnaissante à Andrea et à vous d'avoir permis que cela arrive. »

M. F.D. (nº 318) haut fonctionnaire de Trieste, est venu me voir **le 14 avril 1986** et m'a confié que le livre l'avait enthousiasmé et énormément touché malgré son athéisme. C'est désormais sa lecture de chevet dans laquelle il se plonge avec sa femme, avant de s'endormir. Tous deux le considèrent — et il le répète trois fois à des moments différents — comme la Bible. Il se déclare ouvert à la Foi et à la prière qui lui étaient étrangères auparavant.

Mme B.V.M. (nº 385) de Varèse, le 26 avril 1986 :

« J'ai étudié et réfléchi aux dialogues avec votre cher fils Andrea, messager de Foi et d'espérance, et que vous rapportez dans ce livre captivant.

JE NE CROYAIS PAS : MAINTENANT JE CROIS, et ferai tout mon possible pour convaincre les sceptiques et les sourds. Si vous communiquez toujours avec votre cher fils Andrea, dites-lui de ma part, que les réponses qu'il vous a données m'ont aidée à comprendre et donc à croire davantage ! »

Mme E.D. (n° 461) de Silvi di Teramo, m'a appelé **le 9 juin 1986.** Elle s'était éloignée et était contre l'Église depuis la mort de son mari, survenue cinq mois auparavant dans un accident. La lecture du livre l'a bouleversée et rendue plus confiante. Cela a été un rayon de lumière qui lui a donné courage. Son fils, âgé de quatorze ans a lui aussi voulu le lire. Elle a l'impression de connaître ce jeune homme merveilleux qu'est Andrea. Maintenant elle pense avoir la force de recommencer à fréquenter l'Eglise et à prier.

Mme G.R. (n° 426) de Opera Milanese m'a appelé **le 10 juin 1986 :**

« Jeune fille, j'avais appris à fréquenter l'Église. Après mon mariage (depuis presque trente ans) j'ai tout arrêté, même la prière. J'ai lu votre livre d'une seule traite. Petit à petit j'ai repris mes bonnes habitudes. Je vais tous les jours à la messe et j'ai retrouvé la Foi. J'ai complètement changé. Dans quelque temps j'irai à Lourdes au service des malades. Je me rends souvent à Cottolengo pour assister des jeunes malades. Je vous suis très reconnaissante ainsi qu'à Andrea. »

M. G.M. (n° 475) de Padoue, le 2 juillet 1986, est venu personnellement me voir pour me remercier d'avoir retrouvé la Foi qui l'avait abandonné deux ans auparavant, après la mort de sa fille, de son gendre et de leurs enfants de quatre et huit ans, dans un accident.

Il n'a réussi à se procurer le livre que dans la région des

Marches, dont il est originaire, car à Padoue il était introuvable. Il en a donc fait faire plusieurs photocopies pour les diffuser à Padoue.

Mme E.I. (n° 546) de Melzo (Milan), que j'ai rencontrée à l'Université de Camerino **le 3 août,** m'a déclaré son enthousiasme pour le livre, qu'elle a offert à la mère de son gendre. Toute la famille de celle-ci l'a lu. Ils étaient athées et depuis ils ont changé.

Mme A.A.B. (n° 251) de Trieste, que j'ai rencontrée le **6 août 1986,** avait perdu la Foi depuis plusieurs années. Grâce à « L'Au-delà existe » elle l'a pleinement retrouvée et fréquente à nouveau l'Église où elle prie avec ferveur. Elle parle souvent d'Andrea avec une cousine plutôt âgée à qui les messages ont donné une très grande sérénité, au point qu'elle souhaite maintenant que le temps passe plus vite pour atteindre la Lumière Infinie. Elle ajoute que sa propre fille s'est toujours déclarée agnostique, mais qu'après la lecture du livre elle est en train de changer.

Mme A.C. (n° 1055) de Monastir (Cagliari). J'ai reçu son appel **le 29 août 1986.** Elle a lu l'article d'Andrea dans le magazine « Gente » qui l'a bouleversée. Jusqu'à présent elle n'a jamais cru en Dieu, maintenant elle est devenue croyante à 100 %.

M. S.P. (n° 1113) de Gorizia, officier de police, m'appelle **le 29 septembre 1986** pour me remercier du livre qui les a complètement transformés, lui et sa femme, et a accru leur Foi. Sa femme était déjà plus ouverte à la religion, tandis que lui, avait des opinions franchement contre. Ils croient à ce qu'affirme le livre.

Mme E.R. (n° 1144) de Trieste, m'appelle **le 8 octobre 1986.** Ce livre a révolutionné toutes ses idées. Après la mort de sa sœur elle avait cessé de croire en Dieu et s'en était même prise à Lui.

Aujourd'hui elle a compris son erreur et retrouvé la Foi. Elle se réjouit des bons fruits que porte le livre.

Mme D.Z. (n° 1551) de Marina di Carrara, m'a appelé **le 22 décembre 1986** pour me dire, tout simplement :

« Votre livre m'a fait revenir à la religion. Il a fait revivre en moi la religion. »

Mme V.T.B. (n° 1569) de Modica (Raguse), le 5 janvier 1987 :

« Ma sœur est soudain tombée gravement malade à l'âge de dix-neuf ans. Une leucémie l'a emportée après plus d'un an de souffrances physiques et spirituelles le 29 mars dernier.

Je n'ai jamais eu le courage, quand j'allais la voir, de lui parler sérieusement de notre vie, ma Foi n'était sûrement pas assez vivace. Je le regrette maintenant. Je veux dédier au Seigneur chaque instant de ma vie et je souhaite que ma sœur soit mon guide.

Ma mère vous a déjà écrit et téléphoné à plusieurs reprises (votre secrétaire lui a dit de patienter car il y a énormément de courrier). Ne l'oubliez pas, je vous en prie ! Avant de connaître votre expérience merveilleuse, elle était vraiment au désespoir. Maintenant elle a retrouvé la Foi en l'au-delà. »

Mme M.G.S. (n° 1900) de Milan, le 14 janvier 1987 :

« J'ai lu votre livre il y a un an environ, et depuis un nouveau chemin s'est ouvert devant moi : je ne croyais qu'à moitié. J'ai diffusé le livre dans mon entourage, mais j'en parle surtout à ceux qui en ont vraiment besoin. »

Mme A.D.R. (n° 1903) de Naples, le 29 janvier 1987 :

« Depuis la disparition de ma mère adorée, il y a deux ans, tout s'est écroulé autour de moi, même la Foi. Je me suis révoltée de manière absurde contre cette mort. Votre livre m'a redonné l'espoir et la sérénité. Depuis un mois j'adresse, moi aussi, mes prières à Andrea.

Je m'adresse à lui pour qu'il assiste mon fils de seize ans dans ses moments difficiles. Il joue au football dans une équipe d'amateurs. Sans vouloir me faire d'illusions, j'ai la sensation que quelque chose est en train de bouger. Ce n'est peut-être que le fruit de mon imagination, mais cet espoir m'apaise. »

Mme G.G. (nº 1654) de Trieste, par l'intermédiaire d'une personne amie, m'a fait savoir **le 3 février 1987,** qu'après avoir lu le livre d'Andrea, elle s'est confessée pour la première fois depuis trente ans.

Mme F.I. (nº 1970) de Sant'Agata dei Goti (Bénévent), de passage à Trieste, demande à me rencontrer **le 6 mai 1987** pour me remercier des messages d'Andrea. Une cousine, à qui le livre avait fait beaucoup de bien, le lui a conseillé. Elle me confirme que sa Foi était auparavant très superficielle, mais que le thème de l'ouvrage l'a convaincue, qu'il s'agit vraiment d'un acte de Foi et par là même un changement s'est produit en elle.

Mme D.Z. (nº 2044) de La Spezia, m'appelle **le 17 juin 1987.** Grâce à « L'Au-delà existe » elle a « renoué avec la religion » qu'elle ne pratiquait plus. Suite à la mort de son père elle s'était révoltée contre Dieu et avait cessé de croire. La récente disparition de sa mère a, en revanche, renforcé sa Foi. (Tout en parlant avec moi elle tient le livre d'Andrea entre ses mains.)

Mme R.S. (nº 2045) de Canneto Pavese, m'appelle **le 18 juin 1987.** La disparition de son époux, au mois de mars, l'avait éloignée de la Foi et de la religion. Le père Carlo Milinelli da Potribera, qui dirige des colloques religieux auxquels sa fille participe, lui a fait parvenir « L'Au-delà existe ». Ce livre l'a émue et tranquillisée. Elle ne s'angoisse plus de la mort de son mari. Elle est en train de retrouver la Foi et s'approche à nouveau de l'Église.

Mme M.M. (n° 1835) de Trieste, le 30 mars 1987 :
« J'étais athée ; grâce au livre je suis revenue à l'Église. Merci. »

Mme S.S.M. (n° 2026) de Mel (Belluno), le 31 mai 1987 :
« J'ai fait la découverte, merveilleuse, de l'existence de l'au-delà, et cela m'a aidée à vivre plus sereinement et à me rapprocher de Dieu, à qui je ne pensais plus depuis longtemps. J'aimerais que tous ressentent ce même espoir. Merci à vous et à Andrea, ce livre se révélera précieux pour beaucoup de personnes.

Je vous remercie pour ce que vous avez fait, êtes en train de faire et ferez. Mes amitiés affectueuses. »

Mme M.G.D. (n° 2062) de Trieste, m'appelle **le 27 juin 1987.** « L'Au-delà existe » a marqué sa vie. Il a réveillé en elle une Foi nouvelle que l'Église n'avait pas su lui insuffler. Elle a recommencé à prier.

16

Andrea a consolidé la Foi

Dr. V.B. (n° 117) de Udine, le 27 décembre 1985 :

« J'étais angoissé à l'idée de ne pas savoir s'il existe un au-delà. J'ai lu et relu votre livre et ce n'est pas fini. Il m'a fait énormément de bien. »

M. R.B. (n° 160) de Plaisance, le 17 janvier 1986 :

« Quelqu'un m'a prêté le livre et j'en suis émerveillé. Je pense que cette histoire dramatique vous a donné une force de vivre et un courage peu communs, étant donné que vous avez participé à des événements vraiment exceptionnels, à la limite du miracle. Merci de tout cœur pour tout le bien que ce livre m'a fait. Pour nous chrétiens ce n'est pas la découverte de nouveaux principes, mais une occasion de nous réapproprier les raisons essentielles et prédominantes de notre religion, et cela n'a pas de prix. »

M. R.C. (n° 135) de Pesaro, le 27 janvier 1986 :

« Ma famille tout entière a répondu au message en s'ouvrant davantage à la Foi. Vous méritez des éloges, nous devons vous informer de l'effet qu'a eu sur nous le message envoyé par notre Seigneur grâce à l'intermédiaire de votre fils. Je vous suis grandement redevable pour tout le bien et aussi pour les explications que j'ai trouvées dans votre livre. Maintenant je vais à la messe tous les dimanches et pendant la journée je prie plusieurs fois, ce que je ne faisais jamais auparavant. Je ne trouve pas les mots appropriés pour vous dire l'importance de votre action. »

Mme M.T.G. (n° 589) de Trieste, rencontrée **le 27 janvier 1986,** m'a fait part de son enthousiasme et de son émotion. Elle a cité l'exemple de beaucoup de personnes qui en ont bénéficié ; tout particulièrement d'une jeune femme de vingt-sept ans, profondément touchée, qui affirme n'avoir jamais lu de plus beau livre, et qui, évoquant les messages d'Andrea, parle de lui comme d'un ami toujours vivant.

Mme A.B. (n° 202) de Ravenne, le 1er février 1986 :
« Je dois vous préciser que la Foi en Dieu et en l'existence d'un monde merveilleux qui nous attend, ont toujours subsisté en moi, mais grâce à votre livre je suis encore plus sûre de mes convictions. »

Mme L.M. (n° 578) de Cuneo, le 17 février 1986 :
« J'ai offert votre livre à ma mère pour Noël. Toutes les deux nous l'avons lu très rapidement et depuis quelque chose a changé. J'ai " dépoussiéré " la Foi que j'avais laissée de côté et un nouveau chapitre a commencé. D'abord j'ai constaté que grâce à cet ouvrage ma mère était plus sereine et plus tranquille, et malgré ma méfiance, moi aussi j'en ai tiré avantage. »

Mme R.F. (n° 305) de Comacchio (Ravenne), le 8 mars 1986 :
« Il m'est difficile d'exprimer l'émotion qu'Andrea m'a transmise, mais j'ai reçu son message et je crois en son témoignage. Il a su répondre à un grand nombre de questions. »

M. A.C. (n° 328) de Argelato (Bologne), le 11 avril 1986 :
« La première fois, j'ai lu le livre " en apnée " mais avec beaucoup d'attention. La deuxième pour revoir des passages obscurs dont le sens m'avait échappé ou qui nécessitaient davantage de précisions de la part de l'auteur. Depuis quelques années je me pose de plus en plus de questions sur l'au-delà.

Votre livre m'a fourni une clé qui me permet à 60 % de tirer au clair et de surmonter mes hésitations. »

I.B. (n° 408) de Aquileia (Udine), le 21 mai 1986 :

« Dans votre famille cette perte a été grande et douloureuse, j'en suis persuadée, mais pensez à la quantité de gens qui ont pu en tirer bienfait et combien y en aura-t-il dans le futur ?

Je suis heureuse de vous faire savoir que, grâce à " L'Au-delà existe " et au livre de Jakob Lorber[1], ma Foi s'est davantage consolidée. Merci pour votre propre Foi, pour votre force, pour ce que vous avez écrit. Croyez-moi, je vous envie un peu. »

Mme M.G. (n° 479) de Zanè (Vicence), m'a téléphoné **le 23 juin 1986.** Depuis longtemps la Foi ne l'habitait plus, mais elle ressentait le besoin de se rapprocher de Dieu. Elle est venue me voir le 5 juillet et m'a confirmé que le livre d'Andrea avait été pour elle un appel à la Foi et au devoir d'éduquer ses trois enfants dans la religion. Nous avons longuement parlé de cela en évoquant les messages de mon fils. Cette dame m'a rappelé le 9 juillet pour manifester sa grande joie et affirmer que notre rencontre avait été décisive.

Me S.A. (n° 547) de Milan, le 28 juin 1986 :

« Je remercie chaleureusement votre cher fils Andrea et vous-même pour le récit de cette histoire merveilleuse. Il m'a beaucoup aidé à endurer ma souffrance, m'inspirant davantage de Foi et de confiance en l'Amour de Dieu. Je souhaite que tous reçoivent votre enseignement et que votre message d'Amour ne soit pas vain. »

1. *Jakob Lorber :* « Lo scrivano di Dio » (Éditions Armenia, Milan). Ce livre a été édité à l'origine en allemand en 1975 par Lorbert Verlag, Bietighen, sous le titre « Der Prophet Jakob Lorber Verkündet Bevorstehende Katastrophen und das Wahre Christentum ». On pourrait ainsi en interpréter la traduction française par : Le prophète Jakob Lorber annonce d'imminentes catastrophes et le véritable christianisme.

Mme G.C.L. (n° 587) de Alessandria, le 12 août 1986 :

« J'ai trente-neuf ans, je suis femme au foyer et mère de trois enfants. Je vous écris pour vous remercier de " L'Au-delà existe. "

Ceux qui affirment qu'il est dangereux d'avoir des contacts avec les disparus, parce que cela entraînerait de faux idéaux et éloignerait de la Foi, se trompent : pour moi ça a été le contraire. C'est grâce à ces communications que j'ai retrouvé la Foi ainsi que la certitude de rejoindre les chers disparus qui nous ont précédés, pour vivre enfin ensemble dans la paix de la Lumière Infinie. Votre livre m'a fourni une confirmation supplémentaire de l'Amour qui nous vient de là-haut. Ce serait fabuleux si tous les hommes comprenaient et s'ils acceptaient d'ouvrir leurs cœurs à l'Amour divin avec Foi et humilité. Ce jour viendra-t-il ? Les paroles d'Andrea, privilégié de Dieu, m'ont énormement touchée. Son Amour pour nous est grand, et grande est votre chance d'avoir un tel fils. »

Mme G.M. (n° 608) de Fucecchio (Florence), le 24 août :

« Je suis croyante et militante de l'Action Catholique. Jamais auparavant des preuves si encourageantes ne m'avaient été présentées. Au milieu de toutes ces souffrances, nous en avons vraiment besoin. Il est difficile de garder la Foi jusqu'au bout sans l'aide de Dieu. »

Mme M.G.P.L. (n° 793) de Monfalcone (Gorizia), le 26 août :

« Je suis depuis longtemps l'expérience exceptionnelle qui a consolidé ma grande Foi en Dieu et mon amour pour ceux qui sont au-delà. »

Mme P.D. (n° 837) de Oristano, le 6 septembre 1986 :

« Votre histoire m'a émue et j'ai été confortée dans ma Foi. Je suis maintenant convaincue que nos chers disparus nous regardent et savent tout de nous. »

Mme F.B. (n° 895) de Vérone, le 7 septembre 1986 :

« Ma vie spirituelle a changé. Avant, ma Foi était chancelante, maintenant je vois les choses différemment. Merci de m'avoir poussée à réfléchir et à comprendre. Et merci surtout à Andrea et au Dieu Tout-Puissant, d'être venus me secouer dans le noir où je vivais depuis presque cinquante-trois ans. »

Mme L.C. (n° 843) de Caserte, le 8 septembre 1986 :

« Merci. Grâce à " L'Au-delà existe " j'ai obtenu les réponses à de nombreuses questions que je me posais depuis l'enfance.

La triste histoire de la perte de votre cher Andrea nous a profondément frappés, mon époux et moi, dans la joie non pas la douleur. Je pense que vous êtes un homme heureux, car élu de Dieu, afin que le monde entier sache qu'au-delà la Lumière Infinie existe vraiment. Souvent et spontanément je prononce le doux nom d'Andrea.

Je vous fais une promesse : votre livre sera lu par tous mes amis, par ma famille et par tous ceux que je rencontrerai sur mon chemin, pour que la Mission que vous avez reçue soit accomplie, pour que le monde devienne plus humain et mérite de traverser le tunnel pour voir la Lumière Infinie, comme votre cher Andrea. »

M. I.M. (n° 840) de Assemini (Cagliari), le 10 septembre 1986 :

« L'article paru dans le magazine " Gente " m'a profondément bouleversé et fasciné. Croyez-moi, je pense chaque jour à ce que vous avez affirmé dans cette interview avec tant d'assurance et... je suis secoué par les frissons.

Je ne suis pas croyant, mais maintenant je sens qu'une petite lumière commence à irradier dans ce noir qui m'entoure. »

Mme C.Z. (n° 902) de Signa (Florence) le 11 septembre 1986 :

« Ce qui m'a persuadée d'acheter le livre, après avoir lu l'article dans " Gente ", est l'objectivité avec laquelle vous abordez ce si délicat sujet, et ensuite j'ai été touchée par les

“ conversations ” que vous transcrivez courageusement et fidèlement.

Merci à vous et à Andrea que je sens très proche par sa bonté et sa douceur, pour le message transmis. Il arrive à un moment particulièrement serein pour moi, je suis en train de me rapprocher de Dieu, peut-être pour de bon cette fois-ci.

Si vous le croyez nécessaire, dites à Andrea (mais il le sait déjà, peut-être) que sa Mission est en train d'avoir un énorme succès. Il en sera heureux. »

Dr. G.M. (n° 973) de Agrigente, le 21 septembre 1986 :

« J'ai été bouleversé, je ne le cache pas, en découvrant l'histoire de votre fils dans l'hebdomadaire “ Gente ”. L'au-delà existe donc. Et vous avez pu réellement le vérifier. Il n'y a aucun doute là-dessus.

Ne désespérez pas, votre Andrea aura sûrement une vie radieuse aux côtés de Dieu. Quant à nous, il ne nous reste qu'à prier. »

Mme P.M. (n° 996) de Campalto (Venise), le 26 septembre 1986 :

« Tout en étant croyante, je confesse avoir lutté, de temps en temps, contre le doute qu'un au-delà existe réellement, mais votre témoignage m'a procuré beaucoup de confiance et de paix intérieure. »

Mme A.I. (n° 1112) de Salerne, m'appelle **le 29 septembre 1986.** Sa mère tout comme elle n'abandonnent plus le livre d'Andrea, maintenant elles croient vraiment.

Mme R.P. (n° 1016) de Palerme, le 1er octobre 1986 :

« Malgré ma conviction de l'existence de l'au-delà, des doutes persistaient. Votre livre m'a confirmé qu'ils étaient sans fondement. »

Mme F.R. (n° 1228) de Modène, le 5 octobre 1986 :

« Sur la table il y a “ L'Au-delà existe ”, je suis en train de regarder votre photo [1], le visage et les yeux expriment les angoisses de cette douloureuse et dramatique expérience. J'ai lu avec beaucoup d'intérêt les merveilleux dialogues avec Andrea. Avant j'avais des doutes, je suis certaine à présent que l'au-delà existe.

J'ai compris beaucoup de choses et je vois d'un autre œil ce qui me semblait auparavant irrémédiable. Andrea était quelqu'un de spécial, il est en train d'aider beaucoup de gens qui, comme moi, demeuraient sceptiques ou vivaient en pleine confusion. Je ne voulais pas vous écrire parce que je ne possède pas une grande culture et que je m'exprime très mal, mais l'émotion a été si belle et intense que je n'ai pu m'en empêcher. Encore merci. »

Mme B.M. (n° 639) de Rome, le 7 octobre 1986 :

« Votre livre, terriblement dramatique, m'a fait réfléchir et m'a replongée vingt-deux ans en arrière. J'ai à nouveau vécu les heures qui s'étaient écoulées après l'accident dont a été victime mon fils A. Il a confirmé ce que je savais déjà, que l'au-delà existe, et il ne pourrait en être autrement pour ceux qui croient en Dieu, qui est aussi notre Père ! Je suis moi-même croyante et, malgré le fait que le corps d'Andrea n'ait pu être récupéré, je suis sûre qu'il est là où il affirme se trouver.

Je souhaite que beaucoup d'autres personnes soient persuadées de cette réalité, qu'elles aient confiance en la justice de Dieu, même si auparavant elles n'y parvenaient pas.

Souvenez-vous de moi dans vos prières, comme je le fais pour vous et pour Andrea. Merci. »

Mme C.B. (n° 1230) de Filattiera (Massa e Carrara), le 10 octobre 1986 :

« Ce que vous et votre fils avez vécu est très douloureux mais c'est aussi merveilleux que vous ayez pu vous retrouver et communiquer, même à partir de deux dimensions différentes.

1. *NdE :* la photographie de Lino Sardos Albertini apparaît au dos de l'édition italienne.

Après tant de questions, de doutes sur la vie et la mort, j'ai enfin trouvé des réponses logiques et satisfaisantes. »

Mme G.N. (nº 1245) de Carugo (Côme), le 16 octobre 1986 :

« Comment vous exprimer ma gratitude pour m'avoir fait connaître et vivre votre douloureuse expérience, pour m'avoir surtout fait sentir qu'un au-delà existe. Jusqu'ici c'était un tourment pour moi de vivre entre l'incertitude et le besoin de croire. »

Mme E.V. (nº 1279) de Gênes, le 20 octobre 1986 :

« En passant devant une librairie j'ai remarqué votre livre que j'ai acheté après avoir vérifié qu'il s'agissait bien de vous. J'ai ainsi appris dans les détails la tragédie qui vous a frappé. Cette histoire m'a bouleversée tout en me faisant beaucoup de bien parce qu'elle m'a confirmé l'existence de nos chers disparus dans une autre dimension.

J'adresse mes prières à Andrea qui vous a inspiré. Je suis en train de diffuser votre livre auprès de personnes qui souffrent de la disparition d'êtres chers et qui ne peuvent l'accepter. »

Mme V.B. (nº 1268) de Tione di Trento, le 21 octobre 1986 :

« Une amie très proche m'a montré l'hebdomadaire qui parle de votre histoire, puis elle m'a prêté “ L'Au-delà existe ”. Je l'ai lu avec beaucoup d'intérêt, il m'a touchée : plus aucun doute n'est possible maintenant.

Je souffre toujours beaucoup mais je ne suis plus désespérée, même si j'ai perdu tout intérêt pour la vie et pour ce qui m'entoure. »

Mme A.F.M. (nº 741) de Bologne, le 23 octobre 1986 :

« J'ai reçu votre livre inestimable, merci. Je rends grâce à Dieu de m'avoir permis d'apprendre tant de choses inconnues. J'ai vécu jusqu'à maintenant la tête dans le sac, comme on dit. Après la douloureuse disparition de mon cher époux, j'ai commencé à réfléchir à l'au-delà, à tout ce que la vie nous donne pour nous l'enlever ensuite mais, toute seule, je pouvais difficilement m'en sortir. Votre livre m'a incroyablement aidée, je vous serai toujours redevable, comme à Andrea qui prie pour nous tous de l'au-delà et que j'invoque souvent.

Aujourd'hui je vis seule avec mes souvenirs, mais soulagée d'une souffrance qui durait depuis quatorze mois. Je ne pleure plus, au contraire je prie beaucoup, convaincue qu'un jour je rejoindrai mon époux là-haut avec tous les êtres chers qui m'ont précédée. J'ai donné le livre à ma fille, je le prêterai ensuite à mon fils. Je veux qu'ils puissent eux aussi en profiter et qu'ils sachent qu'un jour nous serons tous réunis là-haut pour l'Éternité.

Mme M.P.D. (nº 1329) de Segrate (Milan), quarante-deux ans, le 2 novembre 1986 :

« Merci de tout cœur à vous et à Andrea. J'ai toujours cru plus ou moins inconsciemment en l'immortalité de l'âme mais votre livre parvient à satisfaire mon envie d'en savoir davantage, et cette confirmation me permet d'entrevoir la Lumière Infinie.

Je diffuserai le message d'Andrea sur l'existence de l'au-delà : sa Mission doit être menée jusqu'au bout ! »

Mme A.B. (nº 1327) de Vicence, le 2 novembre 1986 :

« Tout de suite après avoir vu l'article dans “ Gente ” j'ai acheté “ L'Au-delà existe ”. Je l'ai lu plusieurs fois et je vous remercie de ce que vous avez dit. Je crois en Dieu et depuis que mon époux m'a laissée seule, mon désir est de le rejoindre au plus vite. Grâce à vous mon espoir et ma Foi se sont renforcés. Je vous suis profondément reconnaissante. Remerciez Andrea pour moi ! Que Dieu vous bénisse et vous assiste pour toujours ! »

Mme M.M. (nº 1482) professeur à Imola (Bologne), trente-huit ans, le 13 novembre 1986 :

« Je viens de lire votre livre qui m'a dit tout ce que j'avais besoin de savoir et indiqué la manière de m'en servir pour comprendre. C'est probablement la même chose pour beaucoup d'autres gens qui, comme moi, cherchent la vérité. Que vaut la Foi que l'on a hérité et même les preuves extraordinaires, au milieu du scepticisme et de l'incroyance qui polluent aujourd'hui la plupart d'entre nous ? Le Seigneur sait reconnaître l'homme juste et à travers lui Il atteint chaque individu : je pense en effet qu'aucune personne intelligente et honnête ne pourra parler de suggestibilités en lisant votre livre. Pour faire toute la lumière sur ce message qui arrivait de l'inconnu, vous avez posé les objections les plus pointues et les plus avisées. J'en ai éprouvé une grande joie.

Beaucoup d'entre nous se sont tellement éloignés de l'idée de Dieu, qu'Il se sert peut-être de telles situations pour attirer notre attention et nous ramener à Lui, ces situations humaines où l'on peut toucher du doigt la présence de quelque chose de transcendant, comme dans le cas de votre fils. J'ai aimé la façon dont vous avez mené votre “ enquête ”, elle dénote une extrême méticulosité et un ordre mental qui n'ont jamais faibli en dépit des difficultés du terrain à sonder. »

Mme M.C.C. (n° 1480) de Camogli (Gênes), le 19 novembre 1986 :

« Je vous remercie de m'avoir aidée à surmonter mes incertitudes, et d'avoir divulgué ce merveilleux cadeau de Dieu.

Je crois fermement en l'au-delà, mais le fait de trouver un signe de la communication et de l'union qui existe entre les disparus et les vivants a été très important pour moi qui souffre actuellement de la disparition de mon père. Vous avez toute ma gratitude. »

Mme M.A.B. (n° 1415) de Caorle (Venise), trente-deux ans, le 21 novembre 1986 :

« J'ai cherché votre livre pendant tout l'été, je l'ai enfin trouvé au congrès de “ Astra ” à Riva del Garda. Ce que j'ai ressenti au fond de moi en le lisant est merveilleux. Un grand nombre de doutes qui stagnaient en moi se sont transformés en certitudes. Merci.

Rendez grâce à Andrea pour l'exemple qu'il nous a donné de son vivant et qu'il nous transmet de l'au-delà, et pour l'amour qu'il porte à sa maman. J'aimerais vous connaître tous. Apprenez-nous à avoir une vie meilleure. »

M. G.G. (nº 1403) de Genzano (Rome), le 24 novembre 1986 :
« L'au-delà existe et les interviews que vous avez données ont consolidé ma Foi en Dieu. »

Mme L.C. (nº 1414) de Caltanissetta, le 27 novembre 1986 :
« J'ai lu avec un grand intérêt " L'Au-delà existe " qui a confirmé et affermi ce en quoi je croyais déjà. »

M. V.V. (nº 1568) de Turin, le 12 décembre 1986 :
« Je ne sais pas exactement pourquoi je vous écris. Je suis aussi sceptique que vous l'avez été face à certains phénomènes, mais j'admets que la lecture de votre livre a stimulé ma réflexion à l'égard de ces faits, et probablement l'espoir qu'entre mon fils L. et moi s'établisse le contact que j'ai eu en rêve il y a quelques mois et qui m'avait tellement apaisé. Cette émotion est probablement du même ordre que celle qui vous a poussé à écrire et à publier ce livre. Et comme vous pouvez le constater, il est déjà en train de porter ses fruits, puisqu'il arrive à faire penser à l'au-delà à quelqu'un comme moi, qui croit sans être particulièrement pieux, ni pratiquant.

J'espère que cette " confession " vous confirmera l'utilité de votre ouvrage.

Je souhaiterais vous rencontrer bientôt. »

Mme M.C. (nº 1393) de Milan, le 16 décembre 1986 :
« Merci infiniment pour " L'Au-delà existe ", je le garde sur ma table de chevet. Il m'a totalement convaincue, je pense pouvoir affirmer que ma croyance en l'au-delà a fait un pas en avant. Je ne suis pas quelqu'un d'instruit et je n'ai aucun talent

pour écrire, déjà qu'il m'est difficile de mettre sur le papier les sentiments qui se mélangent au fond de moi en ce moment. Comprenez-moi et excusez-moi. Je vous dirai seulement que depuis deux mois la photo d'Andrea est, avec celles de mes chers disparus, dans un coin qui leur est réservé et que je prie tous les jours pour leur âme. »

Mme N.A. (n° 1134) de San Martino B.A. (Vérone), le 18 décembre 1986 :

« Votre livre unique et exceptionnel m'a apporté beaucoup de réconfort et de sérénité et a fortifié ma Foi. J'envie les merveilleux dialogues que vous et votre épouse avez eus avec Andrea. Quand la nostalgie de P. est trop grande, j'invoque Andrea, si parfait, pour qu'il m'aide au moins à rêver de lui. »

Mme M.T.M.D. (n° 1614) de Assemini (Cagliari), le 27 décembre 1986, est venue me voir spécialement pour me remercier du livre qui l'a bouleversée. Elle a beaucoup parlé à son entourage de l'ouvrage qui a consolidé sa Foi. Cette dame occupe un poste très important dans sa ville.

Mme S.F. (n° 1938) de Florence, le 5 janvier 1987 :

« Je suis si heureuse pour vous qui avez pu entrer en contact avec votre fils Andrea.

Il y a peu de temps une enfant morte est revenue un instant à la vie ; elle a dit avoir vu un jardin merveilleux, puis elle a expiré. Les médecins ont fourni une tout autre interprétation. Mais je sais, ayant lu votre livre, qu'il existe quelque chose d'extraordinaire au-delà et la mort ne me fait pas peur, car je vais rencontrer les êtres chers que j'ai perdus. »

Mme E.C. (n° 1610) de Ronchi dei Legionari (Gorizia), le 8 janvier 1987, m'a appelé. Le livre lui a donné beaucoup de force morale et a exalté sa Foi. Son époux et sa fille se moquaient d'elle et étaient contre jusqu'à ce qu'ils se décident à lire ce livre. Ils ont été conquis et en parlent souvent désormais. C'est son époux qui a insisté pour qu'elle m'appelle.

Mme R.C. (n° 1881) de Cadore (Belluno), le 17 janvier 1987 :

« Je viens de terminer votre livre qui parle de l'existence de l'au-delà. J'ai devant moi la photo d'Andrea. Je me sens plus forte et ma Foi s'est consolidée.

Je prierai avec ferveur pour que la Lumière Infinie me guide sur mon chemin avec mes fils. Je prierai Andrea deux fois miraculé sur terre et au ciel, de veiller avec les autres âmes sur nous, les mortels.

Plusieurs fois blâmé par votre fils pour votre Foi chancelante, vous n'avez alors pas songé qu'une chose importante, qu'un miracle, était en train de se produire pendant les recherches. La force qui vous a permis de ne jamais vous écrouler, la lucidité, même quand vous vous êtes aperçu que les restes de votre fils étaient éparpillés un peu partout, tout cela a été pour moi la preuve évidente de la Communion entre les vivants et les disparus.

Si vous avez encore des contacts avec Andrea, embrassez-le pour moi et dites-lui mon bonheur d'avoir pu lire le livre. »

M. L.F. (n° 137) de Portigliola (Reggio de Calabre), le 19 janvier 1987 :

« J'ai lu votre ouvrage d'une seule traite. Dans la mesure de mes modestes possibilités, j'essaierai de le diffuser autour de moi. Je crois à la vie après la mort mais cette certitude s'est davantage fortifiée grâce à votre livre. »

M. M.C. (n° 1884) de Santopadre (Frosinone), le 20 janvier 1987 :

« Il y a quelque chose qui m'a vraiment enthousiasmé dans votre livre, c'est ce passage où vous affirmez que votre fils Andrea était prédestiné à faire connaître aux vivants ce qu'il y a après ce qu'on appelle, nous humains, la “ mort ”. Je me suis beaucoup débattu et j'ai longuement réfléchi avant de me décider à vous écrire. »

Après m'avoir exposé différents points, il conclut ainsi :

« Je ne crois pas en Dieu, mais si jamais il devait exister, qu'il vous bénisse. J'espère que vous serez cette force qui me poussera à trouver une Foi que je n'ai jamais eue. »

Mme L.T.B. (n° 668) de Udine, le 24 janvier 1987 :

« Il y a quelques mois vous avez eu la gentillesse de m'envoyer votre livre. Il m'a troublée et en même temps ouvert un peu les yeux, je commence à croire en l'existence d'une autre dimension. »

Mme P.C.P. (n° 1693) de Olbia (Sassari), le 5 février 1987 :

« Lire un témoignage comme le vôtre a accru en moi la conviction de l'existence de l'au-delà. »

Mme B.P. (n° 1747) de Nuoro, le 11 février 1987 :

« Votre livre m'a rendue beaucoup plus sereine. Je vous remercie au nom de tous ceux qui, comme moi, ont trouvé un peu de Foi grâce à vos paroles. »

M. E.V. (n° 1653) de Omegna (Novara), le 18 février 1987 :

« Votre livre m'a profondément affligé et en même temps il m'a donné la joie de savoir qu'il existe une vie spirituelle après la mort.

Les messages de votre fils Andrea ont confirmé, sans l'ombre d'un doute, que ces phénomènes ont lieu par la volonté du Tout-Puissant. Permettez-moi, cher Maître, de vous remercier de ce que vous avez fait pour moi. Vos paroles claires et persuasives, exprimées avec tant de bonté, vous honorent davantage. Touché par une douleur épouvantable, vous avez su accepter la disparition de votre fils Andrea avec résignation. Puisse la Lumière Infinie vous accorder cette paix intérieure qui vous aidera dans votre vie terrestre. Que Sa volonté soit faite. »

M. G.F.B. (n° 1805) de Trieste, professeur universitaire, le 2 mars 1987 :

« Depuis quelques années j'ai eu l'occasion de réfléchir à des choses vraiment essentielles : le sens de la vie et de la mort, de l'aventure humaine dans ce monde dont j'ai déjà une assez longue expérience, variée et parfois intense.

La lecture répétée, et certainement inspirée et guidée, des Évangiles, m'a ouvert les yeux sur une réalité dont je n'imaginais même pas l'existence, en réveillant une Foi tiède et distraite car inconsciente. Mais la Foi ne trouve pas de nourriture seulement en elle-même : de temps en temps elle a besoin d'illuminations, de faits sur lesquels s'appuyer pour éviter les dangers qui parsèment notre chemin. Dans cet itinéraire intérieur, fait d'illuminations fulgurantes, le livre que vous avez écrit, cette expérience merveilleuse à laquelle vous avez voulu nous faire participer, a pris place comme une précieuse tesselle dans une mosaïque qui se dessine petit à petit.

Je désire donc vous remercier pour ce que votre ouvrage déclenche et déclenchera. L'aventure d'Andrea a pris désormais une telle proportion et un sens qui dépassent complètement nos expériences précédentes et nous indiquent la Voie, la Vérité, la Vie. »

Mme A.B. (n° 1759) de Villa Sant'Antonio (Padoue), le 9 mars 1987 :

« Votre livre a suscité en moi un vif intérêt et une grande émotion et confirmé ma conviction de l'existence de l'au-delà et de la Résurrection des morts ; au cours des derniers dix-huit mois j'ai perdu ma sœur et ma chère nièce, et c'est une grande consolation de penser qu'elles se trouvent à présent dans la Lumière Infinie, grâce à leur bonté et à leur Foi. »

M. A.D. (n° 1772) de Turin, le 11 mars 1987 :

« Votre livre m'a bouleversé et à la fois réconforté. Je suis ce qu'on appelle un croyant mais maintenant je crois davantage encore. Un petit détail me pousse à vous écrire. J'ai soixante-douze ans, un âge certes avancé, j'habite Turin depuis longtemps, juste à côté du parc Valentino. Presque tous les après-midi je m'y promène et souvent j'arrive près du restaurant San Giorgio. Je crois avoir identifié le quatrième arbre devant lequel je m'arrête pensif, évoquant mentalement la tragique disparition de votre fils Andrea. Tout ce qui est écrit dans le livre et les témoignages reçus par l'intermédiaire de Madame Anita, sont sûrement d'ordre surnaturel.

Votre livre mérite d'être connu. Je le ferai donc lire à tous, parents et amis et d'autres encore le liront, afin que, par le sacrifice d'Andrea, l'esprit de Dieu redescende parmi nous. »

Mme A.R. (n° 1795) de Zurich (Suisse), m'appelle **le 12 mars 1987**. Elle a tiré du livre un grand soutien pour sa Foi et trouve qu'il est merveilleux. Elle y pense avant de faire quoi que ce soit et le garde sur sa table de chevet comme une relique. Elle regarde toujours la photo d'Andrea avec qui elle parle, et prie pour lui tous les soirs.

Mme M.T.C. (n° 1762) de Dalmine (Bergame), le 14 mars 1987 :

« Je crois fermement à ce que vous avez écrit. Je relis souvent des passages du livre en l'ouvrant au hasard et je le trouve prodigieux ! Il m'inspire une paix et une douceur telles que je suis vraiment persuadée que cette aide ne peut venir que de l'au-delà. Mon désir de vous écrire est une exigence spirituelle. Andrea dit des choses merveilleuses, et grâce à ses dialogues on est de plus en plus convaincu de l'existence de l'au-delà. Je pense que c'est la seule vraie raison de croire.

Je vous remercie infiniment. »

M. L.D. (n° 1831) de Voghera (Pavie), le 30 mars 1987 :

« Votre livre m'incite à penser que les êtres humains sont vraiment malheureux. Vous avez eu un fils exceptionnel. Avec son aide et par l'intermédiaire de Madame Anita, je suis persuadé que vous pourrez faire réfléchir beaucoup de personnes et contribuer à les rendre meilleures.

Je suis croyant et grâce à votre livre ma Foi en Dieu et en l'au-delà est plus forte. »

Mme A.C. (nº 1818) de Rome, le 31 mars 1987 :

« Après avoir lu " L'Au-delà existe " la Foi et l'espérance se sont exaltées en moi. »

Mme E.F.F. (nº 1860) professeur à Padoue, le 12 avril 1987 :

« J'ai suivi avec une tendresse infinie votre drame et celui de votre fils. La lecture de quelques pages, le soir, me donne la force de continuer à vivre et accroît ma Foi. »

Mme C.M. (nº 1964) de Naples, le 28 avril 1987 :

« Votre livre m'a profondément touchée et a raffermi en moi la Foi en Dieu. Il m'a surtout confirmé une chose dont je n'ai jamais douté : que l'âme existe. »

Mme A.F. (nº 1991) de Turin, m'appelle **le 18 mai 1987.** Le livre l'a émue et profondément troublée, elle le relit de temps en temps. Il a contribué à consolider sa Foi. Elle a beaucoup changé depuis.

M. E.B. (nº 2016) de Vicomero (Parme), le 29 mai 1987 :

« Je ne peux pas m'empêcher de vous écrire après avoir lu votre livre. L'étrange impulsion qui m'a fait entrer dans une librairie justement pour l'acheter, a été récompensée par la profonde émotion de découvrir votre expérience extraordinaire.

Je suis heureux que vous ayez pu établir un contact avec votre fils adoré. Cela vous fera plaisir de savoir que cette lecture a fortifié en moi la sensation qu'un au-delà existe.

Je ne vous cache pas que j'éprouve une certaine envie à votre égard. Vous n'avez pas perdu votre fils, au contraire, c'est lui qui vous a retrouvé. Je pense que rien n'est vraiment important quand on réussit à donner un but si extraordinaire et exaltant à sa propre vie.

Mon enfant de treize ans, est morte d'une terrible maladie, la leucémie, qui s'était manifestée dès l'âge de dix ans.

Vos messages nous ont réconfortés et énormément aidés à remplir le vide dans lequel nous stagnions. Merci pour ce que vous avez fait. »

Mme R.S. (n° 2053) de Collegno (Turin), le 11 juin 1987 :

« Cher Monsieur Sardos, je sais ce qui est arrivé à votre fils, cette histoire m'est allée droit au cœur et me chagrine beaucoup. Votre livre m'a d'abord bouleversée, puis, quand je l'ai relu une deuxième fois, il m'a donné la force de croire que l'au-delà existe vraiment. »

Mme A.B.R. (n° 2077) de Inveruno (Milan), le 23 juin 1987 :

« Dès que j'ai su que vous aviez écrit un livre, je me suis précipitée pour l'acheter et je l'ai dévoré pour ensuite le prêter à des amis qui, comme moi, étaient un peu sceptiques avant de connaître ces messages. Cet événement nous a tous fascinés.

Pardonnez-moi de vous déranger, je vous fait peut-être perdre un temps précieux, mais il faut que vous sachiez combien j'ai apprécié (et d'autres personnes avec moi) le fait que vous ayez voulu rendre publique, par votre témoignage, ce que notre famille n'aurait considéré que comme " votre grande douleur ".

Je peux vous assurer que vous êtes allé droit au but et fait méditer beaucoup de gens. »

Mme M.C.P. (n° 2063) de Trieste, m'appelle **le 27 juin 1987.** La disparition de son jeune époux l'a plongée dans une terrible angoisse, mais le livre l'a beaucoup apaisée. Elle continue de le lire, chapitre par chapitre, et me remercie de l'avoir écrit. Grâce aux paroles d'Andrea, sa Foi s'est renforcée.

M. P.P. (n° 2079) de Florence, le 7 juillet 1987 :

« Il m'est arrivé, par hasard, de lire " l'Au-delà existe. " J'ai suivi pas à pas l'histoire de votre fils Andrea, j'ai été très touché par ses témoignages de l'au-delà. Je croyais déjà auparavant à l'existence d'une autre vie mais à présent ma Foi dans la Lumière Infinie s'est accrue. »

17

D'Andrea une nouvelle vision de la vie : espoir, sérénité et paix

Mme N.C. (n° 138) de Cesano Boscone (Milan), le 11 décembre 1985 :

« Je viens de recevoir le livre et je l'ai dévoré, malgré tout ce que j'ai à faire. On m'a dit qu'il s'est vendu en un clin d'œil. Je ne remercierai jamais assez le Seigneur et Andrea de m'avoir donné la possibilité de vivre une expérience aussi importante, elle a marqué un tournant dans ma vie. »

Mme R.A.D. (n° 155) de Pallanza (Novara), le 20 janvier 1986 :

« J'ai lu " L'Au-delà existe " avec un grand intérêt. Il dénote votre profonde Foi en cette Mission et le zèle avec lequel vous l'avez menée m'a convaincue de votre honnêteté absolue. Ce que vous avez écrit est très douloureux mais, d'un autre côté, plein d'espoir. »

Mme M.V. (n° 188) de Opera (Milan), le 22 janvier 1986.

Après la mort d'une de ses filles elle était désespérée et voulait en finir avec la vie. Elle a eu la chance de lire le livre qui lui a apporté une grande paix intérieure. Au début elle s'était montrée sceptique, mais le témoignage lui a redonné confiance.

Mme C.P.M. (n° 411) de Bologne, le 26 janvier 1986 :

« " L'Au-delà existe " m'a vraiment émue. Je ne trouve pas les mots pour vous dire le bien qu'il m'a fait, comme à tous ceux qui l'ont lu, du reste. Dieu vous accordera la récompense que vous méritez. »

M. A.B. (nº 229) de Crémone, le 29 janvier 1986 :
« J'ai lu le livre sur le magnifique rapport que vous entretenez avec votre fils Andrea. Je vous confesse avoir éprouvé une joie immense. Croire, avoir la preuve tangible de l'existence de Dieu, m'a donné un sentiment de paix et de bonheur. »

Mme M.C. (nº 260) de Florence, le 16 février 1986 :
« Je suis toujours à la recherche de la vérité, j'éprouve toujours beaucoup de doutes. Je dois vous remercier infiniment. Pour moi cela a été très important, je sens que j'ai évolué, j'ai plus d'assurance et j'ai éloigné la peur de la mort. »

Mme R.F. (nº 275) de Turin, le 28 février 1986 :
« Merci d'avoir écrit ce livre. Vous m'avez tant donné. Je ferai en sorte de partager la sérénité acquise, c'est le moins que je puisse faire en remerciement. La Lumière Infinie soit toujours parmi nous. »

M. M.P. (nº 272) de Ancône, ingénieur, le 5 mars 1986 :
« Magnifique livre, vraiment extraordinaire, et très utile sur le plan spirituel. »

Mme E.N. (nº 537) de Chiavari (Gênes), le 16 juillet 1986 :
« J'ai lu votre livre avec un grand intérêt et je peux dire que quelque chose en moi a changé. Je le fais lire à mon entourage dans l'espoir qu'il ouvrira les cœurs. »

Mme A.A.M. (nº 538) de Bologne, le 18 juillet 1986 :
« J'ai trouvé vos paroles pleines d'une force que seuls peuvent donner l'Amour et l'espérance chrétienne. Elles m'ont beaucoup réconfortée et aidée à ouvrir mon cœur et mon esprit à ce monde si riche en mystères qui nous attend après la

mort, et d'où les êtres qui nous sont chers nous insufflent la force de regarder devant nous et plus haut, à condition de savoir les écouter. »

Mme M.d.A. (n° 584) de Trieste, m'appelle **le 6 août 1986.**

La sérénité et le bonheur que le livre lui a apportés sont tels qu'elle attend désormais que le temps passe très vite pour atteindre la Lumière Infinie.

Mme E.M. (n° 605) de Besana (Milan), le 25 août 1986 :

« J'ai lu votre ouvrage sur l'au-delà quelques mois après la disparition de mon père.

Je remercie votre fils Andrea, un être merveilleux. Je comprends votre douleur pour sa fin tragique, mais je dois dire que ce récit m'a consolée du décès de mon père et m'a donné confiance en l'avenir. Avant je n'acceptais pas l'idée d'une vie après la mort, je n'arrivais pas à comprendre. Désormais, j'ai retrouvé l'espoir. Moi aussi j'ai changé un peu. »

M. P.M. (n° 701) de Urbino, le 31 août 1986 :

« Votre récit sur la vie dans l'au-delà m'a beaucoup soulagé et a fait disparaître, du moins pour le moment, la peur de la mort. »

Mme T.T. (n° 696) de Foggia, le 31 août 1986 :

« Votre fils Andrea rend à beaucoup d'entre nous une grande force qui nous aide à vivre et à mourir. Merci, merci à votre fils et à vous. Que le Seigneur vous aide à mener à bien ces initiatives. »

Mme M.G. (n° 842) de Zurich, le 7 septembre 1986 :

« Maintenant, après avoir lu votre interview sur " Gente ", je vois l'autre vie différemment de ce que j'avais toujours imaginé. »

Mme M.G.P. (n° 905) de Gallarate (Varèse), le 8 septembre :

« Avec votre article sur " Gente " et votre livre j'ai entrevu un espoir qui m'était inconnu auparavant. Ces ouvertures lumineuses sur un monde merveilleux et mystérieux me poussent à en savoir plus et à découvrir de nouvelles choses.

Merci pour vos récits qui m'ont apporté des instants de sérénité. »

Mme M.G.B. (n° 841) de Milan, le 9 septembre 1986 :

« Grâce à votre récit, si vrai et si réel, je me sens beaucoup apaisée à l'idée que ce jour viendra et que je pourrai me joindre à jamais à ceux qui m'ont précédée et que je continue à aimer. »

Une lectrice de Caserte a envoyé cette lettre à l'hebdomadaire « Gente » qui l'a publiée dans le numéro 37 du **12 septembre 1986 :**

« Le magnifique témoignage de l'avocat de Trieste, qui a réussi à se mettre en contact avec l'esprit de son fils, m'a apaisée. Tout en étant croyante, je confesse avoir souvent douté qu'il existe une vie après la mort. Le récit que le fils a fait à son père, au contraire, m'a tranquillisée ; la description du long tunnel qui se termine en une grande Lumière et la rencontre de personnes chères me font envisager le moment du trépas comme un rendez-vous plein d'espoir et de joie. »

Mme B.B.C. (n° 876) de Turin, le 13 septembre 1986 :

« Je ne trouve pas les mots pour vous décrire mon état d'âme. Moi qui n'arrivais plus à pleurer depuis la mort de mon époux, survenue il y a trois ans, j'ai pu enfin y parvenir. N'ayant pas eu d'enfant, je suis restée seule. Je crois en l'au-delà, c'est même cela qui m'aide à vivre. Je rappellerai votre cher fils Andrea dans mes prières, mais je suis sûre qu'il n'en a plus besoin, parce qu'il a su traverser le long tunnel et qu'il est maintenant parmi les êtres qui lui sont chers.

En publiant votre témoignage vous avez fait du bien à tous. Je me sens plus forte pour continuer à vivre ma vie solitaire, croyez-moi ! »

Mme D.C. (n° 917) de Busto Arsizio (Varèse), le 13 septembre 1986 :

« Je suis vraiment restée bouche bée devant vos paroles, elles ont fait place à une paix intérieure. »

Mme T.F. (n° 724) de Lido di Camaiore (Lucques), le 21 septembre 1986 :

« J'ai enfin trouvé le livre et j'ai pleuré d'émotion à sa lecture. Ces témoignages sont merveilleux et incroyables. Qui n'est pas concerné ne peut pas comprendre. Moi si. Ceux qui ont éprouvé cela pourront se résigner et vivre dans l'Amour de Dieu pour le restant de leur vie. »

Mme M.G.P. (n° 620) de Turin, le 23 septembre 1986 :

« Votre lettre m'a fait définitivement admettre que pour aider un être cher vivant dans une autre dimension, il suffit de prier avec Foi. Avant je priais en pensant que, pour Dieu, seuls comptaient les mérites de la personne disparue, c'est pourquoi mes prières n'avaient qu'une valeur relative. Au fond, je manquais de conviction. Comme dit Andrea : « *On ne peut convaincre les autres si l'on n'est pas convaincu soi-même* », et si cela est vrai pour les hommes, cela l'est d'autant plus pour Dieu.

J'ajouterai que votre livre et votre lettre m'ont profondément touchée, et en plus ils ont produit le même effet qu'un bon coup de peinture blanche sur un mur sale. »

Mme V.C. (n° 1020) de Cosenza, le 24 septembre 1986 :

« Votre récit sur le magazine " Gente " m'a inspiré une profonde paix. La description de l'au-delà, le trépas, la vision d'une grande Lumière et la rencontre avec les êtres chers, ont rempli mon cœur d'espoir. »

Mme I.C. (n° 946) de Lodi (Milan), le 25 septembre 1986 :

« Il y a quelque temps j'ai lu un article merveilleux dans l'hebdomadaire " Gente ". Son contenu m'a réconfortée à un point que je ne saurais décrire. J'y crois sans réserve et de toutes mes forces. »

Mme C.A.L. (nº 1028) de Turin, le 2 septembre 1986 :

« J'ai acheté tout de suite le livre. Les compliments seraient déplacés. Sachez que mon émotion a été plus qu'intense. Je vous suis très reconnaissante d'avoir écrit si clairement et si simplement car ce fut pour moi une grande source de réconfort.

Ma gratitude pour Andrea et pour le livre est infinie, et ma paix spirituelle indescriptible. »

Mme L.M. (nº 1251) de Crespano (Trévise), le 29 septembre 1986 :

« Toute ma profonde reconnaissance pour m'avoir aidée, avec votre livre, à mieux me comprendre, à découvrir le sens de notre vie, avec toutes ses difficultés et notre but qui est : Dieu.

Je vous remercie infiniment. »

Mme G.C. (nº 1183) de Rome, le 2 octobre 1986 :

« Moi aussi, comme tant d'autres âmes en peine, je vous rends grâce de la paix reçue grâce à " L'Au-delà existe. "

Mme O.V. (nº 1277) de San Terenziano (Pérouse), le 2 octobre 1986 :

« J'ai lu " L'Au-delà existe " avec beaucoup d'intérêt et d'émotion.

Merci de tout cœur de ce magnifique témoignage ; il nous permet d'appréhender différemment les étapes de notre existence.

Je le ferai connaître à mes parents et amis. »

Mme D.C. (nº 894) de Rome, médecin, le 14 octobre 1986 :

« Je voudrais vous exprimer toute ma gratitude d'avoir accepté de m'envoyer la photo d'Andrea.

Andrea est toujours avec moi, je ne peux, même pour de courts instants, me soustraire à sa douce image. Je suis sûre, moi aussi, que lui et Lorenzo sont ensemble dans cette Mission fantastique.

L'au-delà existe concrètement et, grâce à Andrea et à son cher papa, cette bouleversante réalité nous invite à vivre et à être meilleurs. Quand le Seigneur le décidera, ceux qui d'entre nous en seront dignes atteindront la Lumière Infinie, au sortir du tunnel. Je désire également vous dire que mon frère (le père de Lorenzo) a changé dans sa douleur, il est plus serein après avoir lu votre livre. »

Mme A.P. (n° 627) de Rome, le 19 octobre 1986 :

« Sachez que j'ai été vraiment émue et je me suis sentie moins seule et abandonnée au milieu des angoisses qui me tourmentent.

J'avance dans la lecture et tout me surprend, je vous assure ; ces épisodes, rapportés avec tant de simplicité et de spontanéité me font espérer un monde meilleur. »

Mme M.L.A.C.G. (n° 994) de Lugo (Ravenne), le 28 octobre 1986 :

« Je vous écris pour vous exprimer toute ma gratitude pour l'espoir et la sérénité qu'inspire votre livre. »

M. P.G. (n° 1348) de Melzo (Milan), m'appelle **le 7 novembre 1986.** Il a lu le livre d'une seule traite, croit à ce qui y est écrit et il en est fortement convaincu. Il voit la vie différemment ; la mort ne lui fait plus peur.

Mme R.G. (n° 829) de Malte, le 17 novembre 1986 :

« Je viens juste de lire votre livre ; il est tellement bien écrit que je ne peux m'empêcher de vous dire ce que j'en pense.

J'y est trouvé beaucoup d'émotion, de joie, mais aussi de peur ; je crois à ce que vous dites au point que je trouve que ma vie a changé en mieux.

Je suis catholique pratiquante, mais votre ouvrage m'a aidée à suivre plus attentivement ma religion. Ce serait magnifique s'il pouvait y avoir une traduction anglaise. Je connais quelqu'un qui a déjà effectué ce genre de travail, si vous êtes d'accord, je pourrai lui en parler.

Je vous remercie, ainsi que votre fils Andrea, pour tout le bien que vous m'avez fait. »

Mme V.F. (n° 1334) de Chieti, m'appelle **le 25 novembre 1986.** Le livre l'a bouleversée mais lui a inspiré en même temps une réelle paix intérieure. Elle m'en sait gré.

M. S.S. (n° 1351) de Vérone, m'appelle **le 25 novembre 1986** pour me remercier.

« La mort fait moins peur, au contraire, on désire l'au-delà. J'essaierai de le faire lire au plus grand nombre possible de gens. »

Mme L.V.R. (n° 1454) de Pontedera (Pise), dans sa lettre du **26 novembre 1986,** adressée à mon épouse :

« Le hasard a voulu qu'une amie quelque peu sceptique et rationaliste me prête le livre écrit par votre époux.

Je l'ai lu avec une certaine avidité, il m'a beaucoup aidée, je pense aux bienfaits qu'il a produit et qu'il produira. »

Mme A.R. (n° 1077) de Bergame, m'appelle **le 30 novembre 1986.** Elle a déjà lu plusieurs fois « L'Au-delà existe » et le relit encore de temps en temps. Il lui a apporté beaucoup de sérénité.

Mme M.P. (n° 1543) de Rothrist (Suisse), le 15 décembre 1986 :

« Je suis italienne, et je réside en Suisse depuis vingt ans. Grâce à votre magnifique livre, " L'Au-delà existe ", j'ai éprouvé toutes sortes de sentiments : émotion, douleur, tristesse, doute, mais à la fin beaucoup d'espoir. J'ai pleuré et plusieurs fois j'ai ressenti comme un poing dans l'estomac.

P.S. Est-ce qu'il a été traduit en allemand ? Si oui, pourriez-vous me communiquer le titre et l'éditeur ? Avez-vous écrit d'autres livres ? Je le souhaite de tout cœur !!

Merci encore, et merci à Andrea qui accomplit sa Mission d'aide aux non-croyants et aux sceptiques, mais aussi à ceux qui, comme vous, ont vécu l'immense douleur de perdre un enfant ! Merci. »

Mme A.F.V. (n° 1558) de Rome, le 16 décembre 1986 :
« Je dois vous dire tout d'abord qu'en tant que catholique j'ai toujours cru fermement en l'immortalité de l'âme et à son destin éternel, mais votre expérience si directe m'a rempli le cœur de réconfort et d'espoir.

Soyez infiniment reconnaissant au Seigneur pour le privilège qu'il vous a accordé de vous faire communiquer avec votre fils, mais aussi à ceux qui, touchés par une tragédie comme la vôtre, tirent consolation de votre livre.

Si le monde réfléchissait vraiment à l'existence de la Vie après la Vie et croyait au Jugement de Dieu, les choses changeraient en mieux. »

M. G.R. (n° 1529) de Merate (Côme), le 20 décembre 1986 :
« Merci de tout cœur de m'avoir apporté une sérénité que je n'avais jamais éprouvée de toute ma vie, surtout après la tragique disparition de mon cher F. Je suis convaincu que votre Andrea est auprès de lui et qu'ils jouissent ensemble de la Vie Éternelle. »

M. L.M.P. (n° 1582) de Florence, écrivain et homme de lettres très connu en Italie, a pris l'initiative d'écrire un très beau compte rendu de « L'Au-delà existe » dans « Gazzettino », quotidien de Venise, paru également dans les éditions régionales.

Dans sa lettre, du **29 décembre 1986,** il me fait part de son désir de venir me voir à Trieste et ajoute : « Avec votre livre vous avez fait du bien à beaucoup de monde. »

Mme L.R. (n° 1617) de Melzo (Milan), m'appelle **le 2 janvier 1987** pour me féliciter et me remercier, au nom de plusieurs personnes, des bienfaits du livre ; elle aimerait se procurer « Au-delà de la Foi », quand il sortira. En regardant sur la photo le visage d'Andrea, il lui semble l'avoir toujours connu.

Mme L.B. (n° 1609) de Milan, me téléphone **le 9 janvier 1987.** Ayant lu le livre quelques mois auparavant, elle a pris le temps d'y réfléchir et affirme qu'il est très efficace. Tous les gens à qui elle l'a prêté ont été touchés et apaisés. Elle continue de le donner à tous ceux qui se sentent découragés à la suite des malheurs qu'ils ont vécus afin qu'ils en tirent des bienfaits spirituels.

Mme E.V. (n° 846) de Ravenne, le 14 janvier 1987 :

« J'ai enfin réussi à trouver le livre que je vous avais demandé. J'en ai acheté deux exemplaires et j'en ai offert un aux parents de mon collègue, dont je vous avais parlé.

Après l'avoir lu très attentivement, j'en conclus que votre expérience a été vraiment extraordinaire. Je suis persuadée que tous ceux qui s'y plongeront, éprouveront un indescriptible sentiment de paix qui leur permettra d'affronter la vie avec moins de peur et d'angoisse.

Maintenant que vous n'avez plus de contacts avec Andrea, que ressentez-vous ? Pensez-vous que désormais il n'y ait plus aucune communication possible avec lui ? Certes, il a été envoyé pour accomplir une Mission, c'est notre tour maintenant de mettre à profit ce qu'il nous a fait comprendre. »

M. R.C. (n° 1700) de Turin, le 2 février 1987 :

« Dans ma famille nous avons tous lu ce merveilleux livre, il nous a dispensé un grand bonheur ; notre vie a changé. Merci Andrea ! Merci mille fois ! »

Mme I.A. (n° 886) de Vigolzone (Plaisance), le 14 février 1987 :

« Ce livre m'a donné une grande sérénité, il m'a peut-être aidée à obtenir ce que je voulais. Pour cette raison je ne veux pas le garder pour moi seule, je le donnerai à d'autres qui le liront et le feront connaître à leur tour ; votre Mission pourra ainsi se propager, c'est une chance qui nous est offerte de croire. »

Mme L.B. (nº 1769) de Rome, le 16 février 1987 :

« En septembre dernier j'ai eu le malheur de perdre mon frère. Sa disparition soudaine m'a profondément affligée. Un ami m'a fait lire " L'Au-delà existe ", et parmi tant de douleur et de désespoir, votre œuvre a été pour moi une source d'espérance.

Elle permet d'acquérir une nouvelle vision de la vie terrestre, tournée vers notre amélioration en vue d'une future existence plus digne et libérée de la souffrance. »

Mme U.R. (nº 515) de Milan, a proposé de traduire gratuitement en langue allemande le livre d'Andrea ; suite à mon accord, elle m'écrit, **le 5 mars 1987 :**

« J'avais déjà commencé la traduction de votre livre. Je peux vous dire que ce travail me donne beaucoup de joie et de sérénité, je pense que cela provient d'Andrea !

P.S. Je vous prie de le remercier pour tout de ma part. »

M. L.R. (nº 1773) de Alessandria, le 9 mars 1987 :

« Je ressens le besoin de vous exprimer l'agréable trouble que votre livre m'a inspiré : " trouble " car ce que vous avez dit m'a fait réfléchir sur la mort et sur la religion ; " agréable " car il m'a donné espoir. Moi aussi je veux croire que les êtres que j'ai aimés, et dont la disparition m'a fait beaucoup souffrir, vivent maintenant heureux et ne regrettent pas ce qu'ils ont laissé.

Je vous suis très reconnaissant. Ça a été un grand soulagement pour moi de lire votre ouvrage et de vous écrire. »

Mme B.C. (nº 1786) de Rome, m'avait déjà écrit pour me faire part des bienfaits acquis grâce au livre d'Andrea. La lettre suivante est datée du **16 mars 1987 :**

« " L'Au-delà existe " passe de main en main, certains sont

plus lents... j'essaie toutefois de le faire connaître au plus grand nombre de personnes.

J'ai la certitude que Dieu et les âmes des Justes qui vivent au Ciel, dont mon père et votre fils font partie, m'ont beaucoup aidée. »

Mme L.V. (n° 1787) de Rome, le 17 mars 1987 :

« J'ai lu avec le plus grand intérêt votre livre qui a été pour moi une confirmation de plus de ce que j'imaginais déjà. Merci d'avoir rendu public, avec autant de générosité, ce témoignage. Il y a des moments dans la vie où l'esprit humain hésite, doute et se désespère. Les épreuves auxquelles souvent nous sommes soumis nous déroutent. Un tel ouvrage peut redonner un équilibre à ceux qui passent leur temps à se demander " pourquoi ? ".

J'ai assisté à la conférence que vous avez faite à Rome il y a quelques mois ; cela m'a définitivement convaincue du bien-fondé de votre témoignage. Merci encore. »

Mme L.A.M. (n° 1508) de São Paulo (Brésil), le 18 mars 1987 :

« J'en lis quelques pages tous les jours et je comprends de mieux en mieux les paroles d'Andrea : l'au-delà existe. Cela me fait un grand bien. »

M. Q.S. (n° 1803) de Rome, le 21 mars 1987 :

« Ancien mineur originaire des Abruzzes, je vis à Rome depuis trente-six ans. J'ai été très content de lire le livre que le destin vous a fait écrire par l'intermédiaire de votre fils Andrea. Je souhaite que Dieu l'ait toujours à ses côtés. Je ne suis pas d'accord sur un seul point : que cette race de criminels ne soit pas jugée. Mais, que la Volonté de Dieu soit faite. Je peux vous dire qu'à partir de maintenant et pour tout le temps que notre Seigneur me permettra de vivre, mon existence sera meilleure, comme je le pense de tous ceux qui liront votre ouvrage. Encore merci à Andrea qui nous a fait connaître le monde de la Vérité. »

Mme D.C. (n° 1863) de Redipuglia (Gorizia), m'appelle **le 23 mars 1987** pour m'exprimer sa reconnaissance d'avoir rendu public mon témoignage. Le livre l'a beaucoup aidée à poursuivre son chemin.

Mme E.B. (n° 1840), résident en Tchécoslovaquie, le 26 mars 1987 :
« L'histoire de votre fils m'a vraiment bouleversée, j'essaie de parler de lui, de sa vie et de sa Mission à tous mes amis. J'aimerais pouvoir traduire le livre, même si je doute qu'il soit un jour publié ici. Cela serait une grande joie pour moi de dialoguer avec vous. »

Mme E.O. (n° 1857) de Viadana (Mantoue), me téléphone **le 8 avril 1987.** Le livre lui a apporté beaucoup de sérénité et elle me remercie infiniment. Elle se déclare disponible pour faire quelque chose d'utile pour Andrea, elle en serait très heureuse. D'origine polonaise, elle me propose de traduire le livre gracieusement.

Mme B.V. (n° 1959) d'Asti, m'appelle **le 3 mai 1987** pour me remercier du livre qui l'a beaucoup soutenue moralement. Elle avait perdu la Foi et est maintenant en train de la retrouver.

Mme A.S. (n° 2035) de Cagliari, me contacte **le 4 juin 1987.** Depuis qu'elle a lu le livre elle a beaucoup changé. Elle l'a fait découvrir à plusieurs personnes et même à ses collègues de bureau. Elle demande s'il y aura une suite et quand elle sortira.

Mme M.L. (n° 631) de Solesino (Padoue), le 11 juin 1987 :
« Je relis avec un immense plaisir " L'Au-delà existe ", qui m'aide et me réconforte. Dans notre ville on se l'est arraché : nombreux sont ceux qui désirent vous remercier des bienfaits reçus. »

M. E.B. (nº 2016) de Vicomero (Parme), répond **le 22 juin 1987** à ma précédente lettre :

« Je vous sais gré tout d'abord des belles choses que vous m'avez dites.

Dans une vie dominée par l'insécurité, où les valeurs sont de plus en plus fragiles et où nous sommes incapables de nous arrêter pour réfléchir au véritable sens de notre existence, votre expérience personnelle joue un rôle lumineux.

Bien que cela puisse sembler paradoxal, votre réponse négative à ma demande de m'aider à avoir un contact avec ma fille m'a servi à renforcer davantage ma conviction que notre destin va au-delà de cette parenthèse terrestre. »

18

Le réconfort d'Andrea dans la souffrance

Mme D.P. (n° 20) de Piombino (Livourne), le 11 novembre 1985 :

« J'ai trente-cinq ans et j'habite un petit village près de Livourne. Il y a quelques mois, très exactement le 29 juin dernier, notre famille a été touchée par un terrible malheur : le fils cadet d'un de mes frères, un enfant âgé de douze ans seulement, sain et plein de joie de vivre, est mort à la suite d'une encéphalite virale. Tout s'est passé en quelques jours, nous laissant dans une douleur et un tourment immenses. Votre livre m'a donné un souffle de joie, d'espérance et d'amour infinis. Je ne vous remercierai jamais assez tout comme votre fils. »

Mme F.P.V. (n° 146) de Casteggio (Pavie), le 1er janvier 1986 :

« J'ai lu " L'Au-delà existe " avec le plus vif intérêt et le plus grand plaisir. Je le fais découvrir maintenant au plus grand nombre de personnes possible. Il a été pour moi d'un grand réconfort. »

M. F.F. (n° 166) de San Vito di Taranto, est très affligé par la disparition tragique de son fils, âgé de dix-huit ans. Voici sa lettre du **17 janvier 1986 :**

« Il y a quelques jours, la fiancée de mon autre fils se promenait dans une rue de notre ville, quand elle ressentit l'étrange impulsion d'entrer dans une petite librairie. Presque automatiquement elle a demandé et acheté votre livre avec l'intention de nous en faire cadeau.

Ma femme d'abord, et puis moi, nous l'avons lu et nous avons éprouvé une sensation de paix qui augmentait au fur et à mesure que la lecture se déroulait. »

Mme O.A.D. (n° 253) de Netstal (Suisse), le 6 février 1986 :

« J'ai lu votre livre un après-midi où j'étais seule. Je suis une maman malheureuse qui a perdu sa fille de dix-sept ans et demi. Elle a glissé sur la neige (que je déteste), et après une semaine de coma, elle nous a laissés. Vous avez de la chance, la consolation de savoir qu'Andrea est aux côtés de la Lumière Infinie, il vous parle et vous aime.

Je ne sais si ce que je fais est bien mais, depuis je parle à Andrea, je lui dis : “ aide-moi, cherche M., prends-la par la main et dis-lui que nous l'aimons et souffrons, qu'elle prie pour nous. ”

J'ai écrit à la Radio Suisse Italienne Monteceneri, pour qu'ils lisent ce livre et en parlent pendant l'émission du matin. J'espère qu'ils le feront. Merci à vous, merci à Andrea qui nous a donné une nouvelle sève pour accepter et la force de continuer et de croire vraiment en l'au-delà. »

Mme A.P.R. (n° 277) de Milan, le 14 mars 1986 :

« J'ai beaucoup aimé votre livre, j'en ai acheté quelques exemplaires pour les distribuer aux parents affligés, comme nous, et leur donner un peu de sérénité. Je suis avec vous et votre femme de tout mon cœur par mes prières. Je vous remercie, avec mon époux, pour la sérénité acquise. »

Mme R.S.L. (n° 583) de Rome, le 7 avril 1986 :

« Il y a quatre ans j'ai perdu mon enfant, une très belle jeune fille, sage et sensible. Depuis ma vie n'a plus aucun sens. Le souvenir d'elle est toujours vivant, jour et nuit, et je ne peux me consoler. Avec votre livre j'ai trouvé beaucoup de sérénité, je l'ai lu maintes fois : ce n'est qu'ainsi que je me sens près de ma fille et j'ai la certitude que l'au-delà existe. »

Mme M.A.G. (n° 364) de Abbiategrasso (Milan), le 21 avril 1986 :

« Ma fille m'a offert le livre-document que vous avez publié. J'aime beaucoup Andrea pour ce qu'il m'a donné, je le nomme tous les soirs dans mes prières. Une de mes amies a perdu son enfant de trois ans ; elle était désespérée et je la consolais en m'inspirant des paroles d'Andrea. Un jour je lui ai prêté votre ouvrage et quand je l'ai rencontrée à nouveau, j'ai eu la joie de l'entendre dire que cette lecture l'avait apaisée en lui apportant beaucoup de réconfort. Cela m'a rendue très heureuse, cher Maître, je souhaite pouvoir lire bientôt un nouveau livre. »

Mme C.P. (n° 404) de Caspoggio (Sondrio), le 30 juin 1986 :

« Grâce à votre récit je me sens plus tranquille et je sais que mon fils S. est heureux là-haut. »

Mme A.T. (n° 4) de Trieste, qui avait perdu son fils dans un accident de la route, déclare, lors de notre rencontre du **4 août 1986 :** « J'ai survécu grâce à votre livre. »

M. et Mme D.L.P. (n° 616) de Morciano (Foggia), le 25 août 1986 :

« Notre fils Andrea est décédé à la suite d'un accident de la route il y a deux ans. Il n'avait pas encore dix-huit ans.

Votre livre a été d'un grand réconfort pour nous et pour d'autres parents qui ont vécu ce même drame. »

Mme M.G. (n° 613) de Messine, le 26 août 1986 :

« L'article, publié dans l'hebdomadaire " Gente " sur vos expériences paranormales, m'a remplie de joie. Depuis six mois je vis dans le désespoir le plus terrible : j'ai perdu l'homme que j'aimais et que je devais épouser. Je suis fille unique et, à part mon père, je n'ai plus personne.

Depuis ce triste jour je ne vis plus, je ne crois plus en Dieu. Moi qui étais très pieuse et pratiquante, j'ai même jeté tout ce qui pouvait me rappeler la religion. Je ne désire que la mort et si j'en avais le courage je mettrais fin à mes jours. »

Mme W.C. (nº 700), de Orbassano (Turin), le 26 août 1986 :
« Merci, merci de tout cœur, cher Maître. Les preuves que vous nous avez si généreusement données, ont adouci ma douleur. »

Après avoir parlé de sa souffrance à la suite de la disparition de son époux, suicidé, elle ajoute :

« Je suis parfois si démoralisée, qu'il me semble que la seule solution est de partir comme il l'a fait ! Mais aujourd'hui, en lisant le très bel article qui vous est consacré, j'ai senti le courage me revenir ; mes craintes au sujet de mon cher époux se sont dissipées, je pense qu'il est peut-être aussi au Paradis avec votre fils, où il rencontrera mon père et ses parents. Cet espoir est devenu soudain ma joie et ma consolation ! »

M. C.S. (nº 673) de Paullo (Milan), le 27 août 1986 :
« Je venais de perdre depuis peu de temps mon fils dans un accident de la route quand un ami m'a offert " L'Au-delà existe ". Je l'ai lu plusieurs fois, il a soulagé ma douleur. Je me rends compte que si votre œuvre était plus connue, elle apaiserait beaucoup de souffrances et redonnerait la force de vivre à beaucoup de parents malheureux.

J'ai eu l'occasion de lire d'autres expériences similaires, mais aucune ne m'a si profondément touché. »

Mme E.L.D. (nº 896) de Milan, le 15 septembre 1986 :
« Je vous remercie de l'aide reçue grâce à votre livre. Le 31 juillet dernier j'ai perdu ma fille dans des circonstances tragiques : elle a été tuée de trente-huit coups de poignard par son mari, atteint mentalement d'infirmité partielle.

J'ai été très touchée surtout par les analogies de caractère qui existent entre ma fille et Andrea. Merci encore pour ce magnifique livre. »

Mme A.D.L. (nº 990), m'a rendu visite **le 1er octobre 1986** spécialement pour me remercier et me dire tout le réconfort désormais éprouvé après avoir souffert de la perte de son petit enfant de trois ans.

Mme M.M. (nº 1182) de Magliaso (Canton du Tessin, Suisse), le 2 octobre 1986 :

« J'ai perdu mon fils, âgé de vingt-quatre ans seulement, en février 1980. Je ne peux raconter ce que j'ai traversé.

Je pense à vous, à votre fils qui parle de l'au-delà de manière si sublime et je subodore qu'il vit peut-être mieux là où il est maintenant ! Je suis quelque peu jalouse de la chance que vous avez eue de lui parler mais je me rends compte que c'est un cas exceptionnel qui n'arrive pas à tout le monde. Je dois dire, toutefois, que votre livre m'a fait un grand bien, il m'a redonné un peu de paix ! »

Mme A.d.G. (nº 760) de Lucques, le 3 octobre 1986 :

« Le livre aussitôt arrivé, je l'ai lu d'une seule traite, et je recommence.

Je ne sais encore très bien l'expliquer mais aujourd'hui il m'a semblé que je pouvais transformer la souffrance en prière, comme ça, mentalement, pour élever mon âme. Le tout s'est passé en quelques secondes, et j'y parvenais malgré mes résistances. Je me répétais : " Je n'arrive pas à l'oublier ", et c'était différent.

Je songeais aux paroles de votre lettre : " Tu dois transformer tout ce que tu fais en prière ", et j'ai essayé ! Je suis contente. »

Mme M.B. (nº 1246) de Trévise, le 15 octobre 1986 :

« Cher Maître, je traverse une période d'immense souffrance et votre livre m'a aidée. Oui, parce que je l'ai eu par un copain de mon fils ; il me l'a apporté quelques jours après sa disparition en me disant qu'il avait eu l'occasion de parler avec P. d'une possible vie après la mort et d'avoir été très surpris, étant donné la personnalité désinvolte et exubérante de mon fils, de constater à quel point il “ y croyait ” profondément. Son ami avait même été troublé par ses observations.

J’ai lu maintes fois le livre de votre fils Andrea et je vous assure qu’il m’a permis de surmonter mon désespoir. Je me suis dit d’abord que votre fils n’était plus mais, à la lecture de ce qu’il vous a communiqué, lui qui était si réfléchi, si bon et généreux, si exceptionnel, je sens que mon fils aussi, bien que très différent d’Andrea, doit encore exister. J’ai l’intuition surtout que cette vie ne peut être une fin en soi, mais le seul moyen d’en avoir une meilleure. »

Mme R.V. (n° 1270) de Messine, le 15 octobre 1986 :

« Le 8 mai 1983, vers quinze heures, sur la route qui longe le lac de Ganzirri, ici à Messine, une puissante moto, dont le conducteur avait perdu le contrôle, se jetait à toute vitesse dans l’autre voie, sur un groupe de motos où se trouvait mon fils avec ses copains. Mon fils fut tué sur le coup.

Je sais que sur cette terre rien n’arrive par hasard ; ce n’est donc pas fortuitement qu’on m’a offert votre livre, ce merveilleux témoignage de vos dialogues avec votre cher Andrea à qui je pense avec une profonde affection, comme si je l’avais toujours connu. Votre fils était certainement un être élu, même sur cette terre ; c’est pour cela que vous et votre famille, avez pu avoir l’énorme privilège de le contacter au Royaume des Cieux.

C’est une grande consolation, mais aussi la certitude qu’il est auprès de vous et qu’il vous aime toujours. En réfléchissant à votre récit, j’en ai conclu que nos enfants pourraient demeurer ensemble là-haut, dans le Royaume des Cieux, étant donné leurs affinités, et que le message de votre livre est arrivé jusqu’à moi pour m’indiquer le chemin. »

Mme C.N.D. (n° 1396) de Turin, m’appelle le **16 novembre 1986** pour me remercier. Elle ne peut se consoler de la disparition de son enfant de dix ans. Le livre d’Andrea l’a beaucoup aidée ; elle n’a jamais lu un ouvrage si beau.

Mme A.S. (n° 1461) de Belvedere Marittimo (Cosenza), le 24 novembre 1986 :

« Lire une telle histoire a été d'un grand secours pour moi qui ai perdu une fille de vingt et un ans. Quelle joie immense quand j'ai su qu'elle vivait au-delà, m'était proche, me voyait, me protégeait et me consolait dans ma solitude.

J'ai repris plusieurs fois l'histoire de votre fils, et je vous remercie de la Foi que ces paroles m'ont donnée. »

M. G.F. (n° 290) de Florence, le 25 mars 1987 :

« Il y a quelque temps un ami, entraîneur de football, m'a fait part de la disparition soudaine d'un joueur de son équipe ; ce jeune homme était exemplaire en tout point, il ressemblait un peu à votre fils Andrea. Sa mère, ne pouvant se consoler, était au désespoir. Je décidai de lui envoyer votre livre. Peu de temps après je reçus un coup de fil de sa part, elle voulait me rencontrer et me remercier de l'aide que cette lecture lui avait procuré. Maintenant elle vit plus sereinement sa douleur ; elle se sent proche de vous et me prie de vous transmettre ses meilleurs sentiments. »

Mme S.B. (n° 1632) de Vérone, me téléphone **le 23 décembre 1986** pour me remercier d'avoir écrit « L'Au-delà existe ». Ce livre l'a merveilleusement soutenue pour surmonter la douleur qui l'habitait. Elle en avait vraiment besoin.

Mme P.M. (n° 120) de Casalpusterlengo (Milan), le 22 janvier 1987 :

« Je ne vous remercierai jamais assez du bonheur que votre livre m'a apporté, et je ferai mon possible pour que tous ceux qui me sont proches puissent jouir des mêmes bienfaits. Le soir souvent, avant de me coucher, je m'adresse à Andrea pour le louer. Je pense aussi à vous. Je suis à votre disposition en ce qui concerne la Mission d'Andrea, j'essaierai de vous aider de mon mieux. »

Mme M.I.T. (nº 1589) de Trente, le 5 janvier 1987 :

« Mon mari et moi, nous sommes indiens. Un de ses patients lui a offert “ L'Au-delà existe ”. Nous l'avons lu et nous en avons été bien tristes.

Mais je dois dire qu'il m'a aussi donné un peu de réconfort. »

Mme T.M. (nº 948) de Vibo Valentia (Catanzaro), m'a écrit **le 9 janvier 1987,** angoissée par la mort de son époux :

« Le père salésien Gino Di Domenico m'a offert votre livre, “ L'Au-delà existe ”. Je vous assure qu'il m'a été d'une grande utilité. »

Mme A.T. (nº 1894) de Milan, le 12 janvier 1987 :

« Tout récemment une personne qui m'était très chère est morte, à la suite d'une longue maladie. Cette perte me désespère.

J'ai eu connaissance de votre livre qui m'a profondément touchée. Je suis chrétienne et croyante et votre témoignage m'a insufflé un peu de réconfort. »

Mme T.P. (nº 1232) de Castiglione dei Pepoli (Bologne), le 12 janvier 1987 :

« Excusez-moi de répondre si tard à votre gentille lettre du 29 octobre 1986. J'ai subi une intervention chirurgicale, puis la recherche du livre a été assez longue. Une jeune amie me l'a offert, elle l'a lu avant moi, et finalement j'ai pu le découvrir à mon tour. J'ai essayé de suivre vos conseils chaleureux et d'offrir ma souffrance, dans l'esprit de notre Seigneur. J'ai lu, avec une attention particulière, votre description de la personnalité d'Andrea ; c'est avec joie que j'ai pu constater que les qualités de votre fils ressemblent à celles de A.

Dieu me donnera la force de continuer.

Nous penserons que A., jeune homme généreux, est dans la Grande Lumière avec Andrea et pourra nous aider. Pardonnez-moi de ne pouvoir mieux m'exprimer. »

Mme P.B. (n° 1819) de Plaisance, le 13 janvier 1987 :

« Je suis une jeune femme de trente ans. J'ai lu récemment " L'Au-delà existe ", et désire vous remercier du message d'espérance et de Foi auquel vous avez voulu nous associer. J'ai acheté l'ouvrage justement à la suite de la mort de la personne que j'aimais le plus au monde. »

M. M.M. (n° 1906) de Udine, le 15 février 1987 :

« J'ai lu avec beaucoup d'intérêt " L'Au-delà existe " dont je vous remercie infiniment. Je l'ai remarqué par hasard (ou providentiellement ?) dans une librairie, quelques jours seulement après la mort de ma chère mère. De cette lecture j'ai pu tirer un grand profit. J'ai toujours cru, malgré tout, à la vie après la mort, grâce à la Résurrection du Christ, mais ce témoignage m'a fait sentir plus intimement cette réalité. »

Mme A.G.S. (n° 1763) de Florence, le 17 février 1987 :

« Une amie très chère, de Novara, m'a offert votre livre avec cette dédicace : " A Anna avec toute mon affection pour l'aider à vivre un peu mieux. " Cela parce que mon fils de vingt-sept ans est mort dans sa voiture.

Quand j'ai lu les réponses de votre fils Andrea, j'ai senti que je l'aimais comme P. Lorsqu'il parle de Lumière, de son désir de ne pas revenir, de Lumière Infinie, j'ai éprouvé un peu de paix, moi aussi. J'ai senti mes prières moins aléatoires, plus réelles, transformées par ma souffrance, plus que les paroles d'un Ave Maria. »

Mme D.A.B. (n° 1721) de Vicence, le 25 février 1987 :

« La lecture de " L'Au-delà existe " m'a donné du courage. Il manifeste la Foi, votre profonde humanité et surtout votre désir d'exaucer la Mission de votre cher enfant, élu de Dieu pour consoler et donner espoir aux malheureux de ce monde si matérialiste ne sachant quasiment plus espérer. J'appartiens à ceux-là. »

Mme G.S. (n° 1855) de Trieste, écrit **le 13 mars 1986** à une amie de Milan (V.N.M.), qui me communique cette missive :

« Tu connais le livre de Sardos Albertini ? Il a été une véritable consolation pour une dame que je fréquente et qui a perdu un fils au cours d'une banale opération chirurgicale.

Et une grand-mère, devenue mon amie ces derniers temps, qui a perdu sa petite-nièce de trois ans et demi d'une tumeur aux intestins, m'a fait part de son immense gratitude de lui avoir offert " L'au-delà existe ". »

Mme G.M. (n° 1806) de Ardea (Rome), le 26 mars 1987 :

« Merci d'avoir écrit " L'Au-delà existe ". Ce livre est un espoir pour tous ceux qui ont ressenti la même douleur que vous avez vous-même éprouvée. Je l'ai fait lire à mes parents. Mon jeune frère est mort dans un accident de la route. »

Mme L.M. (n° 1877) de Ancône, le 31 mars 1987 :

« Après avoir lu et relu votre livre si passionnant, l'espérance et la consolation ont surgi dans mon cœur. »

Mme M.T.C. (n° 1762) de Dalmine (Bergame), m'appelle **le 19 avril** pour me confirmer qu'après m'avoir écrit, une sérénité toute nouvelle s'était emparée d'elle, alors qu'elle vivait, depuis la disparition tragique de son époux, dans le plus noir désespoir. Elle croit au message du livre et comprend qu'Andrea est en train de l'aider. C'est pourquoi elle se sent en paix comme elle ne l'avait jamais été auparavant. Elle exprime toute sa gratitude à mon fils de l'avoir aidée à transformer sa souffrance et conclut en affirmant qu'il agit depuis l'au-delà, sans l'ombre d'un doute.

Mme E.T.S.G. (n° 1962) de Venaria (Turin), le 22 avril 1987 :

« J'ai quarante-quatre ans et pour la première fois de ma vie j'écris à un inconnu, mais mon désir est tellement grand que je n'ai pu le refréner.

J'ai lu " L'Au-delà existe " en décembre 1985 ; cette même

année j'ai perdu mon père le jour de Pâques. Ce fut le hasard, ou bien, comme je le crois, l'aide providentielle de Dieu qui, par votre intermédiaire, m'a permis de soulager quelque peu ma douleur. Merci de l'avoir écrit, d'avoir pu surmonter, sans doute difficilement, le mur de la discrétion, pour apporter le réconfort à d'autres souffrances. J'ai essayé de mon côté de collaborer à votre tâche ; j'ai offert ce livre à ceux qui en ont besoin, afin qu'ils puissent entrer, eux aussi, dans ce monde de la réalité invisible et en être par là même aidés. »

Mme L.C. (n° 1960) de Trieste, me contacte **le 3 mai 1987.** Le livre l'a bouleversée. Ayant perdu sa mère tout récemment, cette lecture lui a transmis un certain réconfort.

Mme L.S. (n° 2023) de Udine, le 5 juin 1987 :

« Depuis longtemps je pensais vous écrire pour vous remercier de tout le bien que vous m'avez fait en rédigeant ce livre magnifique. Le Seigneur a voulu rappeler à Lui mes deux jeunes filles.

Hier soir je suis passée devant votre bureau avec le chœur de Santa Cecilia, dont je fais partie. Je ne sais pas ce que j'ai alors éprouvé, mais ce sentiment m'a donné le courage de prendre la plume pour vous exprimer ma reconnaissance. »

Mme I.S. (n° 1880) de Jesi (Ancône) le 17 juin 1987 :

« Je remercie Andrea grâce à qui vous avez pu écrire ce livre. Je souhaite que d'autres parents malheureux comme nous puissent le lire et en recevoir comme moi le profond message. »

Dr. M.M. (n° 2098) de Mondovì (Cuneo), le 17 juillet 1987 :

« Après la mort tragique et soudaine de mon fils cadet, un ami m'a conseillé de lire l'extraordinaire " L'Au-delà existe ". Je souhaiterais vous rencontrer personnellement, pour l'instant je vous remercie pour ce livre qui nous communique tant de réconfort et d'espoir. »

19

Nous croyons en la Mission d'Andrea

Mme D.T.S. (n° 57) de Molfetta (Bari), le 17 décembre 1985 :
« Je crois en la Mission d'Andrea. »

Maître G.V. (n° 577) de Trieste, le 13 janvier 1986 :
« Mon épouse a lu ton livre en deux jours ; moi en un seul. Nous sommes tous les deux convaincus que les messages proviennent vraiment de ton fils Andrea. »

M. F.F. (n° 167) de Milan, le 21 janvier 1986 :
« J'ai lu avec émotion et un vif intérêt " L'Au-delà existe ". Tous les messages que votre enfant extraordinaire vous a fait parvenir sont sans nul doute la preuve de la vie après la mort (si on peut l'appeler ainsi). Je vous remercie, cher Maître, de nous avoir fait connaître cette vérité. »

Mme E.F. (n° 592) de Rimini (Forlì), le 24 février 1986 :
« J'ai lu et expliqué votre livre à mes deux enfants, de treize et onze ans, qui prient maintenant, eux aussi, pour les âmes qui sont dans le tunnel. J'ai parlé de votre ouvrage autour de moi et je continuerai à le faire avec le plus grand nombre possible de gens. (Hier encore j'en ai acheté un exemplaire qui va passer de main en main.) Je sais que cela vous fera plaisir, car c'est ce que veut Andrea. Je désire vous communiquer mon soutien pour votre courage et votre volonté qui vous aident à lutter pour la grande cause à laquelle vous avez été appelé. J'embrasse très

fort la mère de ce jeune homme qui a sacrifié sa vie pour le Salut de tant d'autres... »

Le 25 mars 1986 j'ai rencontré **Mme M.A.D. (n° 292), conseillère municipale de Cervignano del Friuli (Udine),** qui m'a invité à présenter « L'Au-delà existe » dans le cadre d'une manifestation publique organisée à la mairie par une commission qu'elle-même préside. A cette occasion elle m'a dit que le livre d'Andrea est toujours sur sa table, et qu'elle le relit souvent. A deux reprises elle a affirmé que les problèmes et les soucis dus à l'activité politique sont récompensés par le fait d'avoir obtenu la présidence de la commission pour la bibliothèque communale. Elle a ainsi pu mettre sur pied cette manifestation pour la présentation du livre d'Andrea.

Mme F.T. (n° 745) de Tolve (Potenza), le 2 août 1986 :

« Je crois entièrement à tout ce que vous avez dit, en toute simplicité, sur l'au-delà. »

Mme I.D. (n° 626) de Padoue, le 23 août 1986 :

« Je viens de lire, tout à fait par hasard, l'hebdomadaire " Gente ". J'ai suivi avec attention l'article qui parle de la disparition de votre fils Andrea.

Je suis fermement persuadée de la véracité de tout ce qui est écrit de manière si exhaustive, de même que je sens et que je crois que mon enfant est toujours auprès de moi. »

Après avoir lu « L'au-delà existe », elle m'envoie une autre lettre, **le 3 février 1987 :**

« Je continue à relire votre livre, je le prête aussi aux amis car c'est impossible de ne pas en être convaincu : l'au-delà existe. »

M. E.V. (n° 899) de Chiesanuova (Florence), le 14 septembre 1986 :

« J'ai lu " L'Au-delà existe ". Je crois que les messages de votre fils sont tout à fait vrais et réels. »

Mme A.S. (n° 1139) de Lugano (Suisse), me téléphone **le 10 octobre 1986** et me dit, avec son accent étranger :

« J'ai lu votre grand livre. C'est un événement ; c'est plus que vrai. Depuis dix jours je pense à Andrea. Vous ne pouviez rien faire de plus beau. Tout ce qui est dans le livre est véridique et immense. Il m'a donné la force de continuer. »

Mme R.G. (n° 1161) de Gênes, le 24 octobre 1986 :

« Au nom de notre Seigneur et de la Sainte Vierge, je crois à tout ce que j'ai lu au sujet de votre fils. Tout est vrai, j'en ai des frissons.

Tout le monde est en train de le lire, mes amies notamment, et moi je m'y replongerai. Je m'applique à cette lecture avec tout l'amour d'une maman. Mon unique fils, âgé de vingt-huit ans seulement, est mort. Vingt ans ont passé, mais la douleur quand on perd un fils ne disparaît jamais. Je trouve un solide réconfort dans la prière. »

M. L.D. (n° 1324) de Bergame, le 30 octobre 1986 :

« Ces derniers jours j'ai découvert votre livre passionnant sur l'existence de l'au-delà. Je m'étais intéressé aussi à d'autres cas, analogues, de communication avec les esprits de personnes disparues ; mais je confesse avoir toujours douté de la véracité de pareils contacts. Ce sont les mêmes perplexités que vous avez mises en évidence dans votre livre, et qui se sont dissipées à la suite de révélations de faits que vous seul connaissiez. »

Mme M.B. (n° 1377) de Verceil, m'appelle **le 10 novembre 1986.** Elle est en train de « dévorer » le livre. « Après cela, rien ne devrait plus nous faire peur. »

Mme E.C. (n° 947) de Plaisance, le 11 novembre 1986 :

« Malgré votre immense douleur, vous avez eu le privilège d'avoir un fils, choisi par notre Seigneur pour l'accomplissement d'une tâche divine : comment et quand faire connaître l'au-delà. Votre expérience est unique. Le livre est magnifique, il me tient compagnie, me donne réconfort et me rend sereine. Je le lis toujours. »

Mme N.T.G. (nº 1376) de Rome (nièce du cardinal Gasparri), me téléphone **le 16 novembre 1986.** Elle a participé à la présentation du livre et est persuadée de sa véracité. Elle en a acheté sept exemplaires pour les offrir. Elle me demande de lui dicter le message qu'Andrea a transmis le 25 novembre 1985, lors de la première présentation du livre, afin de l'utiliser comme dédicace pour tous ceux à qui elle l'offrira.

Mme M.F. (nº 1427) de Fumane (Vérone), me contacte **le 1er décembre 1986.** Elle croit fermement à tout ce qui est écrit dans le livre et l'a lu au moins dix fois. Chaque page est marquée de ses larmes.

M. G.R. (nº 1529) de Mérate (Côme), m'appelle **le 16 décembre 1986.** Le soir précédent il a lu entièrement le livre qui l'a définitivement convaincu. Il s'est littéralement senti transporté. Il était sceptique auparavant, mais il a finalement trouvé les réponses à ses questions. Il se laissait facilement envahir par le désespoir, mais il a recouvré la force, grâce à Andrea.

Mme L.A.M. (nº 1508) de São Paulo (Brésil), le 25 janvier 1987 : « Je vais vous dire pourquoi j'ai demandé deux exemplaires du livre. En octobre dernier je résidais chez un parent proche, dans une petite ville loin de São Paulo. Ce soir-là, un monsieur, qui venait de faire un voyage en Italie, nous a montré l'hebdomadaire " Gente " et nous a parlé, avec émotion, de l'histoire de votre fils Andrea.

Une fois rentrée chez moi j'ai décidé de vous écrire et de vous demander deux exemplaires du livre pour en offrir un à ce monsieur, afin qu'il puisse mieux expliquer, lors de ses conférences, que l'esprit ne meurt pas et qu'Andrea est toujours vivant. Quant à moi, je prie toujours et je ne trouve pas les mots pour dire à quel point ce livre m'a rendue heureuse. J'ai déjà expliqué à ma famille, qui vit dans la province de Salerne, comme je me sens bien, grâce à Andrea ! Je relis tous les jours les " procès-verbaux " comme s'il s'agissait de prières, et je parle dans mon entourage de ce livre merveilleux. Je prie notre Seigneur pour qu'il vous bénisse, ainsi que votre famille. C'est une grande consolation de savoir que votre fils est dans la Lumière Infinie. C'est magnifique.

Veuillez excuser mes erreurs d'italien. Merci de tout cœur. »

Maître A.A.E. (n° 1896) de Cagliari, le 22 janvier 1987 :

« Des raisons personnelles, liées à vos merveilleux rapports avec Andrea, me poussent à vous écrire. Comme je suis certaine que les dialogues avec votre fils sont vrais, je me permets de vous prier de lui demander si le signe que j'ai eu provenait de mon père, et si mon père peut m'en donner la confirmation. »

M. E.V. (n° 1653) de Omegna (Novara), le 19 mars 1987 :

« Ma gratitude envers vous n'a pas de limites. Après avoir lu beaucoup de livres sur l'existence de " la Vie après la Vie ", je peux dire que le vôtre, basé sur les indications de votre fils adoré, est unique et ne peut être comparé à aucun autre.

Ce que vous avez écrit, répond à la vérité absolue, sans aucun doute ; personne ne pourra JAMAIS réfuter les messages reçus, transcrits avec une minutie chronologique et appuyée sur différents témoignages. »

M. F.B. (n° 1876) de Sermide (Mantoue), le 30 mars 1987 :

« Je suis en train de lire " L'Au-delà existe ", que vous avez écrit avec votre fils Andrea, mort dans des circonstances dramatiques.

Il est très beau, magnifique. Je ne saurais douter un seul instant de tout ce que vous dites. »

Mme R.G. (n° 1928) de Casapesenna (Caserte), me téléphone **le 25 avril 1987.** Elle a lu plusieurs fois le livre qui l'a touchée au point de s'y reconnaître. Elle voit toujours Andrea devant elle et croit en sa Mission.

Dr. M.P. (n° 2042), de Padoue, lors de notre rencontre du **31 mai 1987,** me dit son enthousiasme pour le livre et qu'il a participé, avec toute sa famille, à sa diffusion. Il est convaincu par tout ce qui est écrit.

Mme G.T. (n° 2113) de Padoue, m'appelle **le 27 juillet 1987.** Elle a été bouleversée par le livre et me remercie vivement. Elle croit en la Mission d'Andrea et fait lire ce livre à grand nombre de personnes. Depuis qu'elles connaissent cette histoire, elle et sa nièce, se sentent très proches d'Andrea. Elles souhaiteraient venir me rencontrer à Trieste.

M. M.B. (n° 2111) de Sommariva (Cuneo), me contacte **le 31 juillet 1987.** Il a presque terminé de lire le livre et pour lui la Mission d'Andrea est évidente. Il me demande de dire à mon fils de prier pour lui.

20

Comment considèrent-ils la Mission d'Andrea ?

M. B.D. (n° 184) de Trente, professeur universitaire, le 31 décembre 1985 :

« J'ai beaucoup apprécié votre livre qui transmet à l'humanité un message si important. »

Colonel G.V. (n° 582) de Bergame, le 4 janvier 1986 :

« J'ai Foi en l'immortalité de l'âme, c'est une grâce divine que tu aies pu communiquer avec ton fils. Andrea était un jeune homme exemplaire, il n'est pas étonnant que son âme sainte ait été choisie par Dieu Tout-Puissant pour une Mission qui bouleversera le monde entier, qui fera penser davantage à l'Amour qu'à la haine. »

Mme G. (n° 580) de Milan, le 4 février 1986 :

« Quand j'ai acheté votre livre, je l'ai lu d'une seule traite. Il m'a touchée et émue. Je suis catholique, mais je dois confesser que je trouve une plus grande consolation encore dans votre livre, et je pense que le dogmatisme de Foi ne laisse place à aucune recherche. Votre drame me fait songer que vous avez été choisi par le Bon Dieu pour montrer à l'humanité la réalité spirituelle, aujourd'hui si lointaine de notre matérialisme envahissant. Le message d'Andrea est parvenu jusqu'à moi, j'essaierai de le diffuser, à travers le livre, à tous ceux qui voudront y prêter attention. Continuez vos recherches, cher Maître.

L'Église a besoin plus que jamais de parcourir de nouveaux chemins pour retrouver ses brebis. »

Mme R.M. (nº 99) de Milan, le 6 février 1986 :

« Vous avez mon immense gratitude. Mon humble pensée, qui est prière constante, s'ajoute au mérite lumineux que la Lumière Infinie a conféré à Andrea. La splendeur de votre livre inspire la certitude, la clarté et la pureté cristalline.

Les messages d'Andrea résonnent comme un hymne d'espérance pour l'humanité toute entière. Ce livre a provoqué une explosion d'impressions qui, comme dit Andrea, sont impossibles à décrire. Selon moi il est dans les sphères de Lumière les plus élevées, les plus spirituelles et les plus conscientes ; il est donc plus détaché, plus précis, parfois plus sévère. »

M. G.V. (nº 263) de Rome, le 9 février 1986 :

« Hier je suis tombé " par hasard " sur ton livre, " L'Au-delà existe ", et aujourd'hui je l'ai déjà terminé. J'ai immédiatement ressenti la nécessité de t'écrire, ce ne fut pas fortuitement. Le hasard n'existe pas. Chaque événement, même le plus insignifiant, qui se passe dans l'univers, est établi par avance. Dans l'histoire d'Andrea, ton fils terrestre et notre frère spirituel, j'ai aperçu le dessein de Dieu, qui est d'éveiller la conscience des hommes en cette époque de grâce, en se servant, entre autres, de Ses propres fils. Toi-même, avec Andrea et d'autres encore, vous avez été les instruments de notre Seigneur, Jésus-Christ, la Lumière Infinie. »

Mme M.V.Z. (nº 311) de Merate (Côme), le 31 mars 1986 :

« Hier Umberto m'a apporté ton livre que j'ai lu sans jamais m'interrompre. Félicitations. C'est un hymne d'espoir. Le sujet est trop important, trop sacré et ne saurait demeurer caché. Nous, les fils de Dieu, nous avons le devoir précis de faire participer les autres à cette grâce reçue. Vois-tu, tout était déjà organisé. Nous sommes vraiment des pions que le GRAND RÉGISSEUR fait bouger sur la scène du monde. Laissons-nous faire, donc. »

Mlle G.V. (n° 334) de Ferrare, le 2 avril 1986 :

« Après avoir lu votre livre mon seul grand désir a été de parler avec vous, même si je me rends compte que ce n'est pas possible ; de plus je ne veux pas vous déranger.

Je préfère donc vous écrire et vous dire toute l'admiration que j'éprouve pour vous qui êtes père et croyant. Le drame qui vous a touché est un des plus horribles qui puissent arriver à un être humain. Mais ensuite, quelque chose d'extraordinaire a eu lieu, la rencontre avec une autre dimension. Le contact que votre fils Andrea maintient avec vous, par l'intermédiaire de l'écriture, est magnifique ;et il s'adresse à nous tous en tant que chrétiens. Je souhaite que votre Mission de diffuser la paix et la parole du Christ dans le monde, soit entendue. Dieu, Lumière Infinie, a confié à Andrea cette Mission et il l'aidera, afin que les gens puissent se convertir et croire en l'au-delà.

Moi aussi j'ai vécu une terrible tragédie l'été dernier : mon frère Gabriele, de quinze ans à peine, est mort dans un accident. Inutile d'insister sur le désespoir, surtout pour mes parents, qui ne s'en sont pas encore remis. Je leur ai fait lire votre livre, il nous a aidés à soulager notre souffrance. Depuis, ma mère me prie sans cesse de vous écrire pour vous témoigner son admiration. Je crois que dans vos paroles il y a un message d'espoir qui nous permet de consolider la Foi et de mieux vivre le restant de nos jours. Merci infiniment. »

Mme G.P. (n° 18) de Trieste, le jour de Pâques 1986 :

« Au cher Andrea qui participe avec Jésus, dans le mystère ineffable au Salut de l'humanité, et qui perpétue la Pâque dans la Lumière Infinie. »

Mme R.F. (n° 305) de Comacchio (Ferrare), le 11 avril 1986 :

« Je suis heureuse que votre famille ait retrouvé une certaine tranquillité, non pas pour avoir récupéré son corps, mais parce que Andrea a su transmettre, à vous comme à beaucoup de gens, l'esprit religieux. En ces moments de guerres, d'égoïsme et de haine, on a besoin de paroles d'Amour. Malheureusement Andrea a payé cet égoïsme de sa vie, mais quelqu'un l'attendait pour le placer à ses côtés. J'aimerais tant que les gens qui nous gouvernent lisent ces témoignages d'Amour et de Vie ; qui sait ? Quelque chose pourrait changer ! »

Mme S.P.P. (n° 386) de Oltre il Colle (Bergame), le 24 avril 1986 :

« Ces derniers jours une personne amie m'a offert votre livre. J'ai commencé à le lire hier soir et j'ai été fascinée au point de ne pas pouvoir m'empêcher de vous en faire part, de vous remercier avant tout de l'énorme cadeau que vous nous avez offert en nous parlant de l'au-delà. Je vous demande pardon pour cette lettre incohérente, née du cœur et de l'espoir que vous avez su m'inspirer. »

Mme A.P.L. (n° 409) de Venise, le 23 mai 1986 :

« C'est par pur hasard que j'ai pu lire le livre qu'avec Andrea vous avez donné au monde. Dieu, notre Seigneur, fait bouger les fils, mais les protagonistes qu'Il désigne sont certainement des privilégiés. »

Mme M.B. (n° 612) de Vérone, le 28 août 1986 :

« Comme vous devez être fier d'avoir eu un enfant si exemplaire, chargé d'une si grande Mission. Je comprends profondément votre tourment et celui de votre épouse de l'avoir perdu dans des circonstances si tragiques.

Votre immense douleur portera des fruits abondants à beaucoup d'âmes, elle ne peut demeurer stérile. Je parle souvent avec Andrea en lui demandant son soutien, surtout pour mes petits-fils que j'aime, comme s'ils étaient mes propres enfants. Nous vivons une époque dangereuse !

Depuis que j'ai lu l'histoire d'Andrea, je comprends mieux la mort.

Vous êtes avec votre épouse dans mes prières. Merci de ce que vous avez entrepris. »

Dr. F.G. (n° 944) de Moncalieri (Turin), le 22 septembre 1986 :

« J'ai lu " L'Au-delà existe " sans discontinuer ; il m'a ému et profondément touché.

Vous avez toute mon affection, je souhaite qu'il soit bientôt traduit dans toutes les langues pour apporter au monde entier son message magnifique. »

M. L.F. (n° 507) de Trieste, le 9 novembre 1986 :

« Vous qui avez enduré une si grande douleur, vous faites partie des privilégiés car à travers le sacrifice de votre fils vous pourrez découvrir avant tous les autres le véritable monde qui nous attend, et vous pourrez — vous DEVEZ — être les témoins de ces vérités face à l'humanité. »

Mme L.R.B. (n° 1483) de Carbonera (Trévise), le 17 novembre 1986 :

« Je vous ai vu dans l'émission télévisée " Mister O ", puis j'ai lu votre livre superbe.

Je dois avouer qu'au moment de l'émission je n'étais nullement intéressée par ce genre de phénomènes, qui me laissaient perplexe, consciente surtout qu'ils étaient souvent liés à un certain opportunisme. Mais à présent je suis en mesure de comprendre ce qu'Andrea, par votre intermédiaire, veut faire savoir à nous autres, créatures de Dieu. Ce message d'espérance et d'Amour, voulu par notre Sauveur, le Dieu Tout-Puissant et miséricordieux, je le saisis parfaitement, je le sens dans mon cœur, grâce à Andrea. »

Mme G.L.C. (n° 1895) de Turin, le 1er juillet 1987 :

« Votre livre m'a beaucoup aidée, j'ai pu profiter de ses bons conseils et j'en suis très contente. Vous êtes quelqu'un de généreux, continuez cette œuvre au nom de votre fils, pour le Salut de l'humanité toute entière, car ces messages expriment l'Amour du monde, pour une vie future meilleure et ils intensifient la Foi en Dieu. »

21

Ils désirent collaborer à la Mission d'Andrea

Mme L.G. (nº 211) de Bologne, le 7 janvier 1986 :

« J'aimerais que vous transmettiez à Andrea toute mon affection et mon vif intérêt pour sa belle Mission. Depuis que j'ai acheté le livre, j'essaie d'en parler et je m'en sers pour convaincre mes parents et amis, qui ne croient pas en Dieu, de l'existence de l'au-delà. »

M. R.M. (nº 99) de Milan, le 21 mars 1986 :

« Il ne se passe pas un seul jour sans que je pense à Andrea. J'ai d'abord commencé à diffuser son message d'Amour à ceux qui me sont le plus proches, les gens de ma famille. Chacun a reçu ma main tendue. Ensuite j'ai continué avec mes collègues, mes amis et les autres. Mon exigence est de frapper à toutes les portes... J'y arriverai petit à petit. Je le ferai toute ma vie, après mon travail. J'ai compris comment utiliser mon temps libre. »

Mme F.C. (nº 456) de Milan, m'appelle **le 21 juin 1986 :**

« J'ai lu votre livre qui m'a troublée. Je vous téléphone pour savoir ce que je peux faire pour Andrea, j'ai l'intention, d'ores et déjà, de dédier ma vie à collaborer à sa Mission ; je sais qu'elle n'aurait pas de sens autrement. »

M. P.S. (nº 621) de Rome, directeur d'un quotidien, le 26 août 1986 :

« J'avoue avoir lu ton livre d'une seule traite. Étant profondément croyant, je suis convaincu que les êtres que nous aimons sont “ passés ” dans une autre dimension, mais ils restent constamment auprès de nous. Ton histoire a confirmé cette Foi.

Andrea est un esprit privilégié, et toi aussi, car tu as une Mission à accomplir : faire connaître la vie après la mort pour consolider la Foi.

Et puisque tu m'as envoyé le livre, je sens qu'il est de mon devoir de contribuer à diffuser cette œuvre qui se répand à une vitesse surprenante.

Je te suis reconnaissant du bonheur que cet ouvrage m'a apporté. »

Sa lettre suivante est du **3 novembre 1986 :**

« Nous participons, mon épouse et moi, à ton admirable expérience, nous sommes prêts à faire tout notre possible pour faire connaître le message d'Andrea. »

M. B.B. (n° 900), maréchal des carabiniers à Rome, le 18 septembre 1986 :

« J'ai lu plusieurs fois “ L'Au-delà existe. ” Depuis ma retraite de maréchal des carabiniers j'ai commencé à m'intéresser aux phénomènes paranormaux à travers les livres d'auteurs sérieux et qualifiés. Mais le récit de votre expérience extraordinaire, qui a eu lieu après la disparition tragique de votre fils Andrea, m'a impressionné de manière considérable, il a fourni une preuve supplémentaire à ma Foi religieuse, déjà bien enracinée.

Fervent pratiquant, j'appartiens à l'Action Catholique. Après avoir lu votre livre, je me suis personnellement engagé à le diffuser auprès du plus grand nombre de personnes. Je dois avouer que le résultat obtenu jusqu'à présent est encourageant. »

M. R.N. (n° 1015) de Rome, le 1er octobre 1986 et le 7 février 1987 m'a envoyé deux très belles critiques du livre, parues respectivement dans le quotidien « Puglia », de Bari et dans le mensuel « Scienza e Tecnica », de Rome.

Professeur M.C. (nº 1252) de Turin, le 20 octobre 1986 :

« J'ai pu me procurer " L'Au-delà existe ", que j'ai lu avec un vif intérêt une première fois. Je compte bien le relire et le faire connaître dans mon entourage. J'avais déjà la certitude, mais maintenant elle est plus forte que jamais, que moi aussi je " reverrai " mon fils.

J'ai tellement besoin de savoir si je peux être utile, ainsi que vous l'êtes, et le serez, à la Mission de votre fils Andrea. Comptez sur moi, cher Maître, je serai à vos côtés dans cette Mission. Avant d'être professeur de mathématiques, je tâcherai d'être d'abord un éducateur, parce que je crois aux valeurs chrétiennes. »

M. G.A. (nº 1282) de Vérone, le 23 octobre 1986 :

« J'ai lu dans " Gente " l'histoire qui concerne votre fils Andrea, et une nouvelle puissance d'Amour m'a envahi.

Quand je reprends cet article, il me semble vraiment que j'entre dans une vie de miracles, d'abandon en Dieu qui guide et instruit, de confiance en la puissance de l'Esprit pour la transformation radicale de la vie des hommes.

Cette puissance se manifeste en moi à travers une Foi courageuse et animée d'une charité qui rend capable d'entreprendre et d'accomplir de grandes choses pour le Royaume de Dieu.

Je voudrais donc acheter un nombre important d'exemplaires du livre qui décrit le cas d'Andrea, afin de les vendre dans mon cabinet ; je les exposerai ensuite à la Foire Agricole Internationale de Vérone, au printemps prochain, et enfin, avec l'aide de mes employés, je ferai du porte à porte. »

Mme A.R. (nº 731) de Naples, le 24 octobre 1986 :

« La lecture de votre livre a soulagé mon esprit, certes. Mais, que voulez-vous ? Le chagrin et la tristesse qui m'habitent ne pourront jamais effacer la perte de mon cher et merveilleux époux.

Afin qu'une œuvre aussi belle soit connue ici, à Naples, j'ai fait le tour de plusieurs librairies, certaines d'entre elles ont finalement accepté de commander des exemplaires du livre à l'éditeur. »

Mme A.M.M. (nº 1151) de Rivanazzano (Pavie), journaliste, le 14 novembre 1986 :

« A travers les pages du livre j'ai moi-même vécu votre drame et celui de votre épouse, et aussi l'intensité d'émotion qui a dû vous étreindre quand vous avez finalement réussi à communiquer avec Andrea, quand vous vous êtes trouvé face à une dimension et à un témoignage qui tiennent du miracle. Je ne vais pas me soustraire à cette chaîne dont le but est la diffusion de la Mission d'Andrea. »

Cette dame a écrit de très beaux articles dans plusieurs journaux.

M. G.B. (nº 1472) de Asolo (Trévise), le 19 novembre 1986 :

« J'ai lu votre article avec le plus vif intérêt ; je serais très heureux de le traduire en anglais, si cela n'a pas encore été fait. Bien entendu, cette traduction serait gratuite. »

M. A.R. (nº 249) de Trezzo sull'Adda (Milan), m'a contacté à plusieurs reprises, depuis la sortie du livre jusqu'au 8 septembre 1987, pour se faire envoyer des exemplaires qu'il n'arrivait pas à trouver dans sa région. Jusqu'à présent il en a distribué cent quatre-vingt-cinq.

Mme P.C.F. (nº 1425) de Bergame, le 29 novembre 1986 :

« Je tâcherai d'écrire le plus brièvement possible, pour ne pas vous déranger.

Merci d'avoir publié " L'Au-delà existe ". Je ne suis pas médium, mais si je peux être utile dans le projet de votre fils Andrea, j'en serai heureuse. »

Mme G.R. (nº 1267) de Pietra Ligure (Savone), le 2 décembre 1986 :

« L'ouvrage est vraiment magnifique. Après l'avoir lu, je l'ai fait circuler dans ma famille.

Il apportera sans doute beaucoup de bien à ceux qui le liront. »

Mme R.B. (nº 1588) de Bologne, m'appelle **le 9 janvier 1987.** Après avoir passé des mois à la recherche du livre, elle a finalement réussi à le trouver. Il lui a donné beaucoup de bonheur en lui confirmant la vérité de l'au-delà. Elle en a acheté pour l'instant cinq exemplaires et, par l'intermédiaire d'un prêtre, en fera parvenir quelques-uns à la maison d'arrêt. Elle prie Andrea tous les jours pour qu'il lui fasse la grâce de convertir son fils, non-croyant. Elle a pensé donner le livre à un catéchiste, pour qu'il le diffuse à l'école. Le curé de sa paroisse a l'intention d'en parler pendant la messe.

Cette dame me téléphone à nouveau **le 23 janvier.** Le livre est finalement entré à la bibliothèque de la maison d'arrêt où il est très demandé. Elle en a donné dix au curé pour qu'il les distribue à ceux qui en ont besoin. Le prêtre qui s'occupe des toxicomanes en a aussi reçus. Elle a placé la photo d'Andrea que je lui ai fait parvenir dans sa salle à manger à côté de celle de son mari décédé. Dans son entourage elle parle beaucoup du livre, qui pourrait être plus bénéfique que la Bible. Andrea est partout présent chez elle. Elle me remercie chaleureusement d'avoir écrit cet ouvrage en ajoutant que l'activité de diffusion qu'elle a entrepris l'aide à vivre.

Mme A.S. (nº 1882) de Turin, le 9 janvier 1987 :

« J'espère ne pas vous importuner en vous écrivant, mais j'ai eu la joie de lire votre livre si captivant.

Je l'ai fait connaître (et je continuerai cette tâche) au plus grand nombre possible d'amis, c'est bien dans ce but qu'il a été écrit. Je dois avouer qu'il a été très apprécié.

Quelques “ sourds ” seulement n’ont pas voulu entendre, mais il s’agit justement d’une minorité. »

Mme J.T. (nº 1590) de Milan, le 1er janvier 1987 :

« Je suis en train de lire votre livre, que j’apprécie énormément.

Je ne sais pas si vous avez déjà eu quelques contacts avec des éditeurs en Grande-Bretagne ou aux États-Unis, pour publier le livre en anglais. Si vous le souhaitez, je pourrais en traduire une partie et l’enregistrer sur cassette, afin de la soumettre à ceux qui seraient intéressés. Je suis, en effet, interprète de conférences, et je travaille dans l’équipe anglaise du Parlement européen, du Conseil de l’Europe et dans d’autres organismes interrégionaux. »

M. F.P. (nº 1602) de Mantoue, me contacte **le 12 janvier 1987.** Il me fait savoir que le professeur C.G., de l’hôpital civil de Brescia, a offert à tous ses amis, comme cadeau de Noël, « L’Au-delà existe ».

Mme F.P. (nº 1883) de Bari, le 14 janvier 1987 :

« J’ai lu votre livre avec un grand intérêt et j’ai ressenti le besoin de vous écrire. Voilà ce que j’aimerais vous demander : avez-vous l’intention de continuer l’excellente Mission que votre fils Andrea vous a confiée, à travers d’autres récits et témoignages ? Comment pouvons-nous vous aider ? »

Mme L.B. (nº 1658) de Côme, me téléphone **le 23 janvier 1987.** On lui avait prêté le livre, mais après l’avoir lu, elle a voulu l’acheter pour le faire connaître à d’autres. Elle a été profondément émue, se sent très proche de moi et me remercie infiniment.

Mme B.C. (nº 1156) de Rome, le 29 janvier 1987 :

« J’ai lu le livre que vous m’avez si gentiment envoyé ; trois autres personnes, collègues de bureau, ont fait de même. Je serai une fidèle « ambassadrice » du message transmis par votre fils. Beaucoup de gens liront ce livre-document par mon intermédiaire. Il est vraiment impressionnant.

En ce qui concerne votre fils, on peut très bien dire : Dieu appelle à Lui les meilleurs.

Pensez qu'il est un ange là-haut et veille sur votre famille. »

M. G.D.C. (nº 1668) de Florence, m'appelle **le 6 février 1987 :** « Ma femme et moi, nous avons " bu " littéralement votre livre, qui nous a fait beaucoup de bien. » Il précise que c'est quelqu'un de sa famille qui lui avait offert « L'Au-delà existe ». Il en a acheté d'autres exemplaires pour les donner à ses amis. Il n'est pas comparable, affirme-t-il, aux autres livres de médiums qu'il avait connus auparavant.

Mme L.B. de Veleso (Côme), me contacte **le 11 février 1987** pour manifester l'enthousiasme que le livre lui a inspiré. Elle en a acheté plusieurs exemplaires qu'elle prête régulièrement, en accordant à chacun cinq jours pour lire, afin de très vite les faire ensuite passer à d'autres.

Mme M.M. (nº 1671) de Cagliari, le 13 mars 1987 :

« Je me suis procuré votre livre chez les sœurs de Saint-Paul. Quelle émotion, quel témoignage de Foi et de quête de vérité, malgré toutes vos hésitations ! J'ai même vécu votre peur d'affronter l'épreuve qui vous donnait tant de joie et d'espoir en même temps que l'angoisse et la crainte de faire quelque chose de totalement opposé aux enseignements de l'Église.

Oui, j'ai apprécié la merveilleuse certitude et la sincérité des dialogues avec votre fils ; la chaleur et le réconfort qu'il doit vous avoir donnés, à vous et à votre femme, je les ai moi-même éprouvés. Rien qu'en lisant vos témoignages, j'ai ressenti la grandeur du Christ qui vous a confié cette importante Mission, mais aussi la stupeur et le bonheur de ceux qui ont vécu cette expérience auprès de vous.

Tout cela m'incite à vous remercier infiniment d'avoir publié vos expériences, à louer notre Seigneur qui, grâce à votre fils, a réussi à atteindre les cœurs de tant de personnes qui souffrent.

J'aimerais vous offrir ma complète collaboration à cette Mission. Soyez assuré, dès à présent, que j'essaierai de parler de votre livre, de le diffuser le plus possible. »

Mme B.C. (n° 1786) de Rome, le 7 avril 1987 :
« Le livre passe de main en main. Je connais beaucoup de monde, au bureau et ailleurs ; je poursuivrai donc sa diffusion avec joie. Je me voue toujours passionnément à ce en quoi je crois ! »

Mme E.O. (n° 1857) de Viadana (Mantoue), le 9 avril 1987 :
« J'ai presque terminé votre livre si enthousiasmant. J'ai éprouvé quelque chose qui me fait dire : “ Et moi, qu'est-ce que je peux faire ? ”

Je manie assez bien le français, ainsi pourrais-je aider à la diffusion de cette Foi en l'au-delà. »

Mme G.G. (n° 1946) de Cogne (Aoste), m'appelle **le 14 avril 1987.** Le livre l'a touchée de façon extraordinaire. Elle voudrait faire quelque chose et propose de m'inviter dans son hôtel, quand je déciderai de me rendre dans sa ville pour y tenir une conférence.

M. F.N. (n° 1798) de Stresa (Novara), me téléphone **le 14 avril 1987.** Il vient juste de terminer le livre qui l'a ému jusqu'aux larmes. Il me demande de lui en faire parvenir tout de suite dix exemplaires qu'il aimerait offrir à ses amis pour Pâques, car dans sa ville il est introuvable.

Mme M.T.L. (n° 1638) d'Ancône, qui m'avait invité dans sa ville pour la présentation du livre, m'a contacté **le 25 avril 1987** pour me faire part de l'incroyable retentissement qu'il avait eu. Beaucoup de personnes, qui traversent des moments douloureux, lui en parlent, en l'arrêtant même dans la rue, et lui exposent les bienfaits qu'ils ont dégagés du livre. Celui-ci est désormais épuisé, elle me prie donc d'en faire parvenir trente exemplaires à son association pour satisfaire les demandes des membres et amis.

22

Comment voient-ils Andrea ?

Mme G.P. (n° 357) de Trieste. Son fils est malade, elle m'écrit **le 21 novembre 1985 :**

« Vous m'avez beaucoup émue et consolée en me promettant d'intercéder auprès de votre fils Andrea, qui est un messager de Dieu, pour mon propre fils Carlo. »

Mme A.T.B (n° 234) de Cesena (Forlì), le 4 janvier 1986 :

« Votre fils est entré en moi... C'est une chose merveilleuse, émouvante... Il n'y a pas de mots pour décrire cela... De temps en temps j'invoque Andrea, je lui demande : “ Andrea, aide-moi... ” Ça a été une grande joie pour moi, surtout en cette année qui a été douloureuse pour ma famille... Je n'arrête pas de relire cet ouvrage. »

Mme L.A.G. (n° 150) de Turin, le 22 janvier 1986 :

« Il est devenu pour moi comme un miroir qui ne renvoie pas mon image, mais celle de Dieu. Je veux croire que tous pourront bientôt s'approcher de Lui, même s'il faudra beaucoup se battre. Je continuerai à sentir Andrea auprès de moi, et vous aussi, Maître. Que Dieu inspire tous nos actes. »

Mme M.C. (n° 187) de Grosseto, le 27 janvier 1986 :

« J'ai beaucoup pensé à Andrea et à tout ce qu'il a essayé de transmettre à vous et à nous tous... Je pense, du moins j'espère, qu'il était bon et généreux quand il était en vie, et maintenant qu'il est dans la joie, il pourra aider ceux qui sur terre l'appellent au secours, surtout si c'est une maman qui l'implore... Je vous en prie, Maître Sardos, demandez à votre fils de prier pour S., et s'il peut solliciter auprès de l'Amour de Dieu de l'aider et de nous indiquer le chemin à suivre. »

Mme P.M. (nº 579) de Varèse, le 15 février 1986 :

« Depuis que j'ai lu le livre je me sens constamment émue. Andrea est toujours présent dans mon esprit. Je le prie à chaque instant. Ce jeune homme est un saint. Je suis sûre qu'il nous aidera si nous lui adressons nos prières.

J'ai recommencé à lire le livre. C'est de notre devoir de le faire connaître à tous. Ils doivent croire, se rendre compte que l'au-delà existe. »

Mme T.P.G. (nº 300) de Grosseto, le 3 mars 1986 :

« Vous avez vécu une tragédie plus grande que la mienne, car pour moi il y a au moins la consolation d'apporter une fleur chaque jour sur la tombe de mon enfant. En revanche, la joie du contact que vous avez eu avec votre fils Andrea doit être merveilleuse. J'ai lu plusieurs fois le livre, surtout les dialogues, on a vraiment la certitude qu'Andrea était un être prédestiné, une âme élue. »

Mme P.P. (nº 1950) de Arese (Milan), m'appelle **le 25 avril 1986 :**

« Le livre m'a profondément ébranlée. Je le prête à tous. J'ai l'impression d'être en contact avec le Paradis. Nous avons adopté Andrea comme un fils. Nous le prions toujours. »

Mme M.C. (nº 517) de Brembate di Sopra (Bergame), le 4 août 1986 :

« Dès que j'ai pris le livre en main, je l'ai lu d'une seule traite sans le laisser un instant. Je suis bouleversée et émue. Depuis, j'adresse chaque jour une pensée à votre fils Andrea. »

Mme T.P.R. (nº 661) de Turin, le 31 août 1986 :

« Je vis dans l'angoisse car mon époux, âgé de soixante ans, n'a pas la Foi en Christ.

J'ai tellement prié pour lui, pour que lui parvienne ce don, mais sans résultat. Mon mari a la tête bourrée d'idées contraires à la religion, il est licencié en philosophie, et il est très sceptique.

Je passe mes vacances sur le lac de Garde, et j'ai acheté votre livre à Trente, qui n'est pas loin d'ici. Il m'a énormément intéressée, mais mon mari, non-voyant, affirme que même le miracle de la vue retrouvée ne servirait pas à lui donner la Foi. Je suis au désespoir, mais votre livre est arrivé comme une ancre de salut.

Je crois à tout ce qu'Andrea a dit et pour cela je sollicite de votre part une énorme faveur : pourriez-vous demander à Andrea ce que je dois faire pour que mon mari ait la Foi ? Si je dois continuer à prier, à communier, ou faire davantage, et enfin si ce don lui sera accordé. Chaque fois que j'assiste à la messe je m'offre à Dieu, mais rien ne se passe ; la Lumière Infinie veut peut-être autre chose de moi. Est-ce qu'Andrea pourrait le savoir et vous le communiquer ? »

M. A.R. (nº 703) de Trente, le 5 septembre 1986 :

« J'ai lu ces derniers jours " L'Au-delà existe ", édité par Luigi Reverdito, mon concitoyen.

Ce livre a illuminé le mystère de la survie de l'âme et a consolidé ma Foi. De nos jours le matérialisme a envahi malheureusement le monde et essaie de détruire les valeurs les plus authentiques de l'esprit, ces valeurs qui font d'Andrea une grande âme aux côtés de Dieu. Je me suis souvent posé des questions timides, mais j'ai toujours pensé qu'un contact avec nos chers disparus était possible.

Pour cette raison votre témoignage est " sacré " pour moi, il a confirmé ce que j'ai toujours espéré ; j'ai longuement médité sur tous les détails que vous soulignez, j'ai essayé de capter le message qu'Andrea transmet à tous ceux qui ne sont pas sourds.

Je vous remercie et j'embrasse humblement votre fils qui jouit de la Lumière Éternelle.

Je me joins à vous dans cette Mission. »

M. F.T.L. (n° 891) de Rome, me téléphone **le 17 septembre 1986.** C'est avec beaucoup d'ardeur qu'il a lu le livre. Dans les moments difficiles il appelle Andrea à son secours, le considère comme son frère et son esprit-guide.

M. A.B. (n° 800) de Arnate di Gallarate (Varèse), ancien président diocésain de l'Action Catholique, militant d'autres associations catholiques, m'écrit **le 22 septembre 1986 :**

« A Lourdes j'aurai une pensée particulière pour vous et pour votre cher et saint fils Andrea qui profite déjà de la présence de notre Seigneur.

Je rappelle Andrea tous les jours dans l'union avec le Christ, victime par amour, je trouve ainsi la force d'affronter mes souffrances. »

Mme V.G. (n° 645) de Trieste, le 1er octobre 1986 :

« J'ai toujours la photo d'Andrea sur ma table de chevet, souvent je prie pour lui, comme s'il était mon frère. »

Mme P.D. (n° 1160) de Lucques, me contacte **le 10 octobre 1986.** Elle a lu le livre, croit à Andrea et lui adresse ses prières. Elle avait décidé de mettre fin à ses jours, mais l'histoire et les messages de mon fils l'en ont dissuadée.

Elle est persuadée de voir Andrea tous les soirs et mentionne que c'est en suivant sa volonté qu'elle m'a téléphoné.

Mme P.B. (n° 1325) de Milan, le 31 octobre 1986 :

« J'ai beaucoup aimé votre livre.

Votre fils est sans doute au Paradis, Dieu l'a appelé à Lui, même si nous avons du mal à laisser partir les êtres qui nous sont chers. »

M. G.P. (nº 1256) de Selegas (Cagliari), le 12 novembre 1986 :

« J'ai lu “ L'Au-delà existe ” avec la rapidité d'un éclair.

Merci, merci de tout cœur, que Dieu vous bénisse. Je rappellerai le nom et l'esprit d'Andrea dans mes prières, soyez-en sûr. Si j'obtiens la grâce que j'ai l'intention de demander à Andrea, je vous promets de vous écrire. »

M. L.V. (nº 1487) de Mortara (Pavie), vingt-six ans, le 15 novembre 1986 :

« J'ai été bouleversé par l'article paru récemment dans l'hebdomadaire milanais qui relate la tragique mais extraordinaire histoire arrivée à votre fils Andrea.

Je suis catholique pratiquant, je crois donc fermement à l'au-delà tout comme à la Lumière Infinie, mentionnée à plusieurs reprises par Andrea dans ses messages, qui représentent justement l'aspect le plus bouleversant de cet événement inquiétant.

Seule la Foi peut soulager la douleur et donner la certitude qu'Andrea est toujours auprès de nous, et serein dans la Lumière Infinie. C'est une étoile dans le firmament, la plus belle et la plus lumineuse. »

Mme M.L.S. (nº 1477) de Conegliano (Trévise), le 19 novembre 1986 :

« Je viens juste de terminer de lire cette inouïe et dramatique histoire qui m'a émue. Depuis sa naissance Andrea était un ange, il l'a toujours été, jusque dans la plus haute manifestation de son être.

Le Ciel l'observait depuis toujours, il lui appartenait.

On ne peut pas comprendre la douleur si on ne la vit pas. La vôtre a été terrible, jusqu'à ce que la Lumière Infinie accorde à Andrea d'illuminer à son tour (la Lumière engendre la Lumière), de réconforter ses proches sur sa mystérieuse disparition, et de leur confier un projet qui depuis toujours était cher à notre Seigneur.

Une dame qui travaille dans la société de mon époux m'a conseillé de lire votre livre. Elle en a acheté dix pour les donner à ceux dont la Foi est fragile. Moi-même je suis allée aujourd'hui en acheter sept exemplaires pour les offrir (à mon curé, entre autres), mais le titre est momentanément épuisé. Il y a des gens moins sensibles que le livre fera méditer.

Andrea est maintenant un autre Patron à qui je peux m'adresser pour la conversion de mon mari, qui me tient profondément à cœur. »

Mme M.C. (nº 1393) de Milan, m'appelle **le 22 novembre 1986.** Depuis sa découverte de l'article paru dans « Gente », Andrea est entré dans son cœur, elle a fait célébrer une messe en son nom et a encadré sa photo dans sa chambre. Elle lui adresse ses prières. Tout a changé pour elle. Les rapports qui étaient tendus sont maintenant plus sereins, tout est plus calme à présent.

M. A.B.B. (nº 800) de Carnate (Milan), le 27 novembre 1986 :

« Les amis que j'ai accompagnés à Lourdes demandent s'il est possible d'avoir une photo du cher Andrea. Peut-on les satisfaire ? Il ne se passe pas un seul jour sans que votre fils ne soit nommé dans nos prières. »

M. R.M. (nº 307) de Milan, le 23 janvier 1987 :

« Gloire éternelle à Andrea. Tu es une excellente personne, merci infiniment pour tout ce que tu as su faire.

Pardonne-moi si je ne fais que me répéter ; sache que ton livre est la Lumière et le guide constant de ma vie. »

Mme N.R. (nº 1659) de Saltrio (Varèse), me téléphone **le 25 janvier 1987.** Elle a beaucoup aimé le livre où l'on voit clairement quelle est la Mission d'Andrea. Malade depuis plusieurs années, elle s'est rendue chez le père Pio, et également à Medjugorje et chez le père Gino, à Tivoli. Des signes particuliers l'ont poussée à adresser ses prières à Andrea. Elle est certaine de guérir.

Mme A.L.C. (nº 1706) de Gênes, me contacte **le 14 février 1987.** Elle était au désespoir et le livre l'a bouleversée et consolée. Elle prie Andrea et moi-même de faire de même pour l'aider à s'en sortir. Elle est catholique pratiquante.

M. et Mme L.M. (nº 1712) de Salerne, sont venus à mon cabinet de Trieste **le 17 février 1987** pour me remercier. Ils ont lu trois fois le livre. La femme faisait la lecture et son mari écoutait, en pleurant souvent d'émotion. Le livre est « la fin du monde ».

Ils ajoutent qu'Andrea est un saint au Paradis, et comme tel il sera certainement reconnu, que je dois m'estimer heureux d'avoir un saint comme fils . Il est toujours présent dans leur esprit, ils l'invoquent dans les moments difficiles.

Il essaient de faire connaître le livre au plus grand nombre de personnes.

Mme F.B.D. (nº 1802) de Cuneo, le 20 mars 1987 :

« Je suis une ancienne directrice de lycée.

J'ai lu plusieurs fois votre livre et je le fais lire dans mon entourage. Cette expérience exceptionnelle nous a tous émus, étonnés et fascinés. Je prie votre fils comme on prie un saint. J'ai tellement besoin de son soutien. J'aimerais avoir sa photo, ce serait dommage de découper celle du livre.

Je me confie à vos prières, je pense qu'elles seront exaucées. »

Mme B.C. (nº 1786) de Rome, le 6 mai 1987 :

« Cher Maître, le livre que vous m'avez envoyé circule de main en main. Et je n'arrêterai pas. Je suis tellement sûre qu'Andrea guidera son parcours ! C'est un ange qui voit et me protège aussi. »

23

Opinions diverses sur les messages d'Andrea

M. E.B. (n° 591) de Trieste, médecin et professeur universitaire, m'appelle **le 11 novembre 1985 :**

« J'ai lu le livre sans m'arrêter, une fois commencé on ne peut plus le lâcher. Il est impressionnant et édifiant. Il nous donne l'espoir, c'est une attestation de Foi. Il laisse une trace profonde dans les esprits. C'est aussi une consolation, surtout pour les sceptiques, qui ne peuvent y rester insensibles. Vraiment, c'est comme un baume. Les réponses sont fidèles aux Évangiles. C'est très touchant. Ayez confiance dans les bienfaits qu'il prodigue. Merci pour ces témoignages. »

M. C.T. ingénieur, spécialiste très connu en Italie (n° 25) de Florence, le 13 décembre 1985 :

« Je l'ai lu en une fois ; mon collègue avait raison, et son succès public le confirme. Le récit des faits exceptionnels que vous avez vécus est simple, franc, très documenté, objectif et précis : la " déformation professionnelle " a été bénéfique. L'impression d'honnêteté et de vérité qu'on ressent explique non seulement l'immédiat succès du livre, mais révèle aussi la certitude des bienfaits qu'il apportera. Dans le malheur vous avez eu une occasion de progresser spirituellement. La brève existence de votre fils n'aura pas été inutile. »

Mme C.P.Z. (nº 205) de Borsea (Rovigo), le 28 décembre 1985 :

« Dès que j'ai lu votre livre, il m'est apparu comme un signe du Seigneur. »

Mme F.B. (nº 588) de Loano (Savone), le 30 décembre 1985 :

« J'ai “ bu ” votre livre qui m'a secouée et bouleversée. J'ai le cœur plein d'Andrea. »

Mme M.B. (nº 164) de Vérone, le 9 janvier 1986 :

« Avec ses messages votre Andrea vous a offert un cadeau merveilleux et très important pour la grande Mission dont il est investi. Ne perdez jamais courage et confiance, Maître. Votre livre est un baume pour tout les gens qui souffrent, qui avancent à l'aveuglette ; il nous aide à retrouver le chemin du Bien et consolide notre Foi. »

Mme S.B.A. (nº 215) de Milan, le 17 janvier 1986 :

« J'ai lu et relu votre livre stupéfiant. Je prierai pour votre merveilleux Andrea tous les soirs. »

M. G.S. (nº 231) de Palerme, médecin et professeur universitaire, le 1er février 1986 :

« J'ai enfin pu lire “ L'Au-delà existe ”, que je n'arrivais pas à trouver à Palerme. Il est très intéressant et vrai. J'ai profondément été touché. »

Mme M.A.B. (nº 525) de Rio de Janeiro (Brésil), le 18 juillet 1986 :

« Il y a deux jours j'ai terminé votre “ L'Au-delà existe ”, fantastique et émouvant.

J'ai lu d'autres livres sur ce sujet, comme “ La Vie après la Vie ”, d'un médecin américain, mais aucun n'est aussi vivant, ni même aussi convaincant que le vôtre. »

Mme P.F. (nº 604) de Rome, le 21 août 1986 :

« J'ai acheté votre livre, “ L'Au-delà existe ”, qui m'a fascinée. »

Mme M.T.M. (n° 659) de Migliano (Pérouse), le 23 août 1986 :

« Depuis des jours je suis “ envahie ” par les très douces images d’Andrea, il pourrait être mon fils. Il remplit mes journées vides et en même temps pleines de problèmes existentiels. Ne jugez pas cela incohérent. Ma nature introspective me porte à faire parler l’âme, à “ animer ” chaque aspect de la vie. Vos magnifiques révélations m’ont émue jusqu’aux larmes. Je sais à présent, grâce à vous, que nos morts nous voient, nous écoutent, perçoivent toutes nos faiblesses. Ce me semble presque un privilège d’aimer autant les morts ! »

Mme L.G. (n° 601) de Modène, le 25 août 1986 :

« J’ai lu aussi bien l’article de “ Gente ” que “ L’Au-delà existe ”.

J’ai été sincèrement attirée par le soin et l’irréfutable précision des arguments fournis, et aussi par la rationalité et l’objectivité face aux événements.

Napolitaine d’origine, depuis cinq ans je suis médecin-chercheur à l’Institut d’Endocrinologie de l’Université de Modène. »

M. A.G. (n° 671) de Rome, le 28 août 1986 :

« J’ai trente-quatre ans et je vis à Rome. Je suis ingénieur électronique dans une grande société aérospatiale. Récemment j’ai perdu mon père et, en lisant “ L’Au-delà existe ”, tout en étant agnostique et sceptique face aux phénomènes paranormaux, j’ai été très troublé par vos expériences extraordinaires. Je vous rends hommage pour le caractère “ scientifique ” des procédures et les critères d’analyse des phénomènes que vous avez vécus. »

Mme C.F.C. (n° 1213) de Savone, le 4 septembre 1986 :

« Votre livre m’a enthousiasmée. Ce jour même je l’ai prêté à la veuve d’un médecin qui a perdu l’année dernière son unique fils, sage et beau.

En la voyant si affligée, j'ai sorti votre livre et je lui ai assuré qu'elle retrouvera son enfant, malgré son athéisme. »

Mme L.F. (nº 833) de Turin, médecin, le 9 septembre 1986 :
« J'ai lu dans " Gente " du mois d'août le magnifique article de Renzo Allegri. J'ai été fascinée, mais pas du tout surprise ; j'ai aussi acheté votre livre qui m'a laissée muette.
Je suis sûre que votre fils est serein à présent et vit sans douleur dans une dimension qui nous est inconnue. »

Mme D.C. (nº 815) de Rome, m'appelle **le 19 septembre 1986.** Le livre est bouleversant, très touchant, concret, il fait réfléchir. Elle prie pour qu'Andrea l'assiste. Elle demande une photo pour l'avoir toujours dans son sac. Elle a prêté le livre au curé de sa paroisse qui a été aussi très frappé et se félicite.

Mme R.B. (nº 1090) de Zurich (Suisse), le 24 septembre 1986 :
« Ce livre est merveilleux, il m'a émue. En le lisant j'ai souvent pleuré pour le triste sort d'Andrea, mais aussi de joie, pour vous qui êtes le père de celui qui vit à vos côtés en esprit, parce que vous communiquez avec lui et continuez sa Mission qui est de faire savoir à ce monde que l'au-delà existe. J'en suis pleinement convaincue. J'ai souvent prié l'âme de mon cher père et Andrea pour qu'ils m'aident tous deux. »

M. G.D. (nº 1141) de Bolzano, le 12 octobre 1986 :
« Hier, en librairie, je cherchais un livre et j'ai trouvé le vôtre, que j'ai commencé à lire. Je suis troublé et c'est peu dire. J'ai interrompu sa lecture pour vous écrire et me détendre un peu. Ce que vous avez fait est magnifique. Je crois que cela aidera beaucoup de gens qui sont à la recherche de quelque chose de plus. Pour moi, cet ouvrage me permettra de continuer mes propres investigations. »

M. M.Z. (n° 1326) de Olbia (Sassari), journaliste, le 3 novembre 1986 :

« Il est poignant, je l'ai prêté à une mère qui a récemment perdu sa fille, étudiante en médecine. Elle ne peut se consoler de cette disparition. Je suis certain que votre livre aidera encore quelqu'un. Merci encore. »

M. E.P. (n° 1365) de Empoli (Florence), le 8 novembre :

« Je vous écris après avoir lu votre livre. Depuis quelques mois je m'intéresse à la parapsychologie et j'étudie énormément de textes et de témoignages. Je peux vous affirmer que par rapport aux autres, votre livre est, sans aucun doute, celui qui démontre le plus clairement l'existence de l'au-delà et la possibilité d'établir un contact sûr. »

Mme D.F. (n° 1367) de Gênes, le 14 novembre 1986 :

« L'article dans " Gente ", concernant la mort de votre fils Andrea, m'a tellement émue que j'ai décidé de vous écrire. J'ai conservé cet article avec la photo de votre fils, au visage d'ange. Chaque soir j'effleure son visage — je garde sa photo dans un tiroir — et je prie pour lui depuis des mois. Soyez-en fier. C'est un martyr. Je souffre à l'idée qu'il n'ait pas une tombe, mais c'est ainsi que le destin l'a voulu. Permettez-moi de vous embrasser. Je n'oublierai jamais Andrea. »

Maître I.S. (n° 1471) de Alba (Cuneo), le 20 novembre 1986 :

« Après avoir lu " L'Au-delà existe ", je l'ai prêté à d'autres gens et dès qu'on me l'a rendu, j'ai souhaité le relire encore une fois. J'y découvre toujours quelque chose de nouveau, d'utile et de puissant. »

Mme A.D. (n° 1478) de Pontedera (Pise), le 26 novembre 1986 :

« J'ai acheté votre livre suite à un article que j'ai vu dans un vieux magazine (" Gente ", je crois).

Le livre, qui ne cède pas aux sentiments mais restitue à l'imagination du lecteur l'émotion d'une telle expérience, est très rationnellement écrit, avec une rigueur quasi scientifique. Il devrait donc être tout à fait apte à toucher le but pour lequel il a été conçu et je compte l'utiliser. »

M. L.P. (nº 1395) de Giulianova (Teramo), officier des carabiniers, le 16 décembre 1986 :

« J'ai lu une deuxième fois votre splendide “ L'Au-delà existe ”, et, comme il arrive souvent, cela m'a permis de découvrir de nouveaux faits et des détails qui m'avaient échappé lors d'une première lecture trop rapide. Cela m'a fait très plaisir, il faut reconnaître que votre livre sort vraiment de l'ordinaire.

Vous pouvez dire, comme Horace dans une de ses Odes : “ Exegi monumentum aere perennius ” (je cite par cœur, j'espère ne pas m'être trompé). Vous avez réellement “ érigé un monument plus éternel que le bronze ” !

Je ne déclare pas cela pour vous flatter, ce serait hors de propos et de mauvais goût, je veux simplement être objectif.

Mais ce qui m'a profondément touché, et c'est pourquoi je vous écris, c'est le fait que vous n'ayez tiré aucun avantage de la vente du livre, car tout est reversé à une association de bienfaisance, ce qui est doublement digne et merveilleux de votre part !

Dans le cas contraire on aurait pu songer à une spéculation sur la mort de votre fils... et la noblesse du livre en aurait été pour le moins douteuse ! »

M. A.B. (nº 1811) de Sogliano Cavour (Lecce), le 12 janvier 1987 :

« J'ai lu votre livre au moins cinq fois. Quelle émotion ! »

M. A.C. (nº 849) de Naples, le 17 janvier 1987 :

« J'ai lu plusieurs fois votre livre, je l'ai aussi fait circuler dans mon entourage. Il est passionnant et très poignant. »

Mme A.P.N. (nº 1255) de Ortona (Chieti), le 19 janvier 1987 :

« Votre livre, je l'ai lu et relu ; il est magnifique ! Je ne sais combien de fois je vais m'y replonger, je le conserve avec mes souvenirs les plus chers. Je ne pourrai jamais l'oublier. »

Le général L.B. (nº 1899) de Pise, le 20 janvier 1987 :

« J'ai lu ton livre sans discontinuer. C'est une documentation rigoureuse et le résultat est doublement convaincant même si, face à la vérité incompréhensible, la raison que Dieu a bien voulu nous donner cherche parfois des “ échappatoires ”. J'ai toujours été sceptique et je le demeure, au sujet des fameuses “ séances de spiritisme ”, auxquelles d'ailleurs je n'ai jamais participé. Néanmoins, je ne doute point de l'existence d'une autre dimension qui se soustrait à notre compréhension, tout comme l'Infini et l'Éternité.

Ton expérience est si exceptionnelle qu'elle nous laisse terriblement perplexes et troublés. Mais pour Celui qui peut créer la vie — à laquelle nous sommes habitués comme si c'était quelque chose de tout à fait naturel — tout est possible. »

Mme M.F. (nº 1905) de Arcegno (Suisse), le 1er février 1987 :

« Je dois vous dire tout d'abord que ce sujet n'est pas nouveau à mes yeux. J'ai lu en effet d'autres ouvrages qui y font référence et j'ai toujours cru à l'existence des âmes des disparus. Mais parmi tout ce que j'ai pu compulser, votre livre est celui que j'ai davantage apprécié, surtout pour l'expérience décrite, pour l'irréfutabilité des preuves et pour la transparence avec laquelle elles sont traitées. »

Maître A.P. (nº 2099) de Padoue, le 16 février 1987 :

« Je connais votre livre sur l'expérience exceptionnelle que vous avez vécue à la suite de la disparition tragique de votre fils. Il possède une force qui dépasse notre vie éphémère. »

M. P.S. (nº 1732) de Oristano, le 27 février 1987 :

« J'ai lu “ L'Au-delà existe ” en un éclair et je dois admettre que parmi tous les livres de parapsychologie que j'ai consultés jusqu'à présent le vôtre est sûrement le meilleur.

J'avais déjà suivi le cas d'Andrea à la télévision dans " Mister O " mais, étant donné le peu de temps imparti à cette émission, il me manquait des éléments. Inutile de dire que je crois fermement, ainsi que mon épouse, aux contacts avec l'au-delà, grâce à la Foi religieuse. »

M. G.G. (n° 1758) de Alzate Brianza (Côme), le 10 mars 1987 :
« Je ne vous connais qu'à travers votre livre, dont je veux justement vous parler brièvement pour ne pas vous faire perdre trop de temps. Cet ouvrage est très beau, surtout intensément vécu, avec la volonté d'informer et le souci d'agir en conformité avec Dieu. C'est ce qui m'a le plus rassuré et ainsi permis de le lire sereinement.

Vos précautions, vos recherches, les preuves visant à démontrer leur aspect positif en termes de Foi, m'ont vraiment aidé à poursuivre cette lecture en paix avec moi-même. »

Dr. S.B. (n° 1771) de Sienne, le 12 mars 1987 :
« Je viens de terminer " L'Au-delà existe ", votre fantastique livre. J'en suis enthousiasmé, c'est un sujet qui me fascine depuis toujours. »

M. A.R. (n° 1788) de Cava dei Tirreni (Salerne), le 20 mars 1987 :
« Je suis un retraité passionné d'occultisme bien qu'hésitant sur l'existence de l'au-delà. Un jour, à l'occasion d'une exposition, j'ai trouvé par hasard votre livre qui m'a pleinement satisfait. »

Mme V. (n° 1998) de Bologne, me téléphone **le 23 mai 1987,** juste pour m'informer qu'elle est en train de « dévorer » le livre, qu'elle le vit de page en page et me remercie, émue, de l'avoir publié.

M. G.P. (n° 2074) de Collegno (Turin), le 20 juin 1987 :
« Je viens juste de terminer " L'Au-delà existe ". Que je me

sente désorienté, c'est bien peu dire, tellement les phénomènes rapportés semblent naturels, spontanés et rationnels, même à un catholique fervent comme moi, toujours absolument sceptique et méfiant en ce domaine. »

M. P.F.C. (n° 1306) de Rimini (Forlì), m'avait déjà demandé certaines explications auxquelles j'avais répondu. Il m'écrit **le 2 juillet 1987 :**

« Je dois vous informer que je me suis servi récemment de vos arguments au cours de discussions animées, pour prouver aux trop nombreux fanatiques, appelés " Témoins de Jéhovah ", la réalité de la survie " post-mortem ", qui tranche avec leurs théories, rigidement ancrées dans une vision sectaire et déformée des Textes Sacrés. »

24

Merci Andrea

J'ai certes souhaité rapporter dans cet appendice un certain nombre d'extraits des multiples témoignages louant les résultats spirituels et religieux suscités par les messages de mon fils Andrea. Ces messages, je les avais déjà rendus publics dans mon ouvrage précédent.

J'avais l'intention de clore ce volume par un chapitre intitulé « Merci Andrea » et d'y insérer quelques-uns des remerciements adressés à mon fils pour son œuvre. Cependant, je me suis aperçu de l'impossibilité, et surtout de l'inutilité de ce projet, étant donné que la quasi-totalité des témoignages cités développent déjà ce concept. En ajouter d'autres, n'aurait fait qu'alourdir cet ouvrage.

JE PENSE DONC QU'IL SUFFIT, EN GUISE DE CONCLUSION, DE RÉPÉTER LE CONCEPT GÉNÉRAL QUI A INSPIRÉ « AU-DELÀ DE LA FOI » ET QUI S'EST MANIFESTÉ DEPUIS LA PREMIÈRE PAGE :

MERCI ANDREA

TABLE DES MATIÈRES

Quatrième partie
LE JUGEMENT DES LECTEURS

Cinquième partie
CONCLUSION

APPENDICE

EXTRAITS DE TÉMOIGNAGES

Photo de couverture :
Catherine Richard
Traduction :
Daniela Perego

Cet ouvrage
a été composé
par l'Imprimerie BUSSIÈRE
et imprimé
sur presse CAMERON
dans les ateliers de la S.E.P.C.
à Saint-Amand-Montrond (Cher)
en août 1992

N° d'éditeur : 1275. N° d'imprimeur : 2238-1492.
Dépôt légal : septembre 1992
Imprimé en France
ISBN : 2 85018 284 2